शेख़ इब्राहीम

ज़ौक़

मशहूर शायरों की प्रतिनिधि शायरी

प्रभाकर प्रकाशन

ISBN: 978-93-95242-91-2

eISBN: 978-93-95242-92-9

© प्रकाशकाधीन

प्रकाशक: प्रभाकर प्रकाशन
प्लॉट नं.-55, मेन मदर डेयरी रोड
पांडव नगर, ईस्ट दिल्ली-110092
फोन: 011-40395855

ई-मेल: sales@pharosbooks.in
वेबसाइट: www.prabhakarprakashan.com

संस्करण: 2022

मुद्रक: सुषमा बुक बाइंडिंग हाउस ओखला इंडस्ट्रियल
एरिया फेस-II, नई दिल्ली-110020

शेख़ इब्राहीम ज़ौक़
मशहूर शायरों की प्रतिनिधि शायरी

परिचय

उर्दू ज़बान पर ज़बरदस्त गिरफ़्त रखने वाले और उर्दू भाषा के उस्ताद शायरों में शेख़ मुहम्मद इब्राहीम 'ज़ौक़' का नाम शुमार है। उनका जन्म सन 1790 में दिल्ली में हुआ था। इनके वालिद का नाम शेख़ मुहम्मद रमज़ान था, जो नौ मुस्लिम घराने से ताल्लुक रखते थे और एक ग़रीब सिपाही थे, परन्तु अत्यंत परिश्रमी, बुद्धिमान और नेक इनसान थे। 'ज़ौक़' ने अपनी प्रारंभिक शिक्षा हाफ़िज़ गुलाम रसूल से ग्रहण की। गुलाम रसूल खुद भी शायर थे और शौक़ तख़ल्लुस करते थे। उन्हीं की संगत में 'ज़ौक़' को शायरी का शौक़ पैदा हुआ। बाद में उसी मोहल्ले में रहने वाले एक सज्जन 'मीर काज़िम हुसैन' के द्वारा 'ज़ौक़' शाह नसीर के शागिर्द बने और अपने कलाम पर उनसे इस्लाह लेने लगे। एक बार शाह नसीर के साहबजादे 'मुनीर' और 'ज़ौक़' में कुछ मन-मुटाव हो गया, तो 'ज़ौक़' ने शाह नसीर के पास जाना छोड़ दिया और मीर कल्लू 'हकीर' नामक एक बुज़ुर्ग शायर से अपनी ग़ज़लों पर इस्लाह लेना आरम्भ कर दिया।

जिन दिनों दिल्ली में अकबर शाह ने 'ज़ौक़' को 'ख़ाकान ए हिन्द' की उपाधि देकर सम्मानित किया, उस समय 'ज़ौक़' मात्र नौ बरस के थे। बाद में उन्हें 'मलिक उल शुअरा' उपाधि भी प्रदान की गयी। अकबर शाह के जानशीन अबू जफर, जो बाद में बादशाह बहादुरशाह बने, शायरी के दीवाने थे। उन्होंने 'ज़ौक़' को अपना उस्ताद तस्लीम कर लिया और तब 'ज़ौक़' ने अपना कलाम देखना आरम्भ कर दिया। बाद में जफ़र, बहादुरशाह 'जफ़र' के नाम से गद्दीनशीन हुए, तो उन्होंने 'ज़ौक़' का वजीफ़ा तीस रूपये से बढ़ाकर सौ रुपये माहवार कर दिया।

'ज़ौक़' धन-सम्पत्ति के तलबगार नहीं थे, वो बस दिल्ली में माननीय बने रहना चाहते थे। उनको अपने देश से मोहब्बत थी। सादगी इतनी कि कई

मकानात होते हुए भी उम्र भर एक छोटे से मकान में रहते थे। दिल्ली से अपनी मोहब्बत का इज़हार उन्होंने अपने शे'रों में भी किया;

इन दिनों गरचे दकन में है बहुत कद्र-ए-सुख़न
कौन जाये ज़ौक़ पर दिल्ली की गलियाँ छोड़कर

हालाँकि 'ज़ौक़' का रंग-रूप साँवला था और उनके चेहरे पर चेचक के दाग़ भी थे, परन्तु अपने पहनावे, अपनी चाल-ढाल तथा मुशाइरों में अपनी ऊँची और खनकदार आवाज़ में ग़ज़ल पढ़कर, वह जनता का दिल लूटने में सफल हो जाते थे।

'ज़ौक़' ने ग़ज़ल के बने-बनाये दायरे में शायरी की लेकिन घिसे-पिटे विषयों को कलात्मक नवाचार के साथ प्रस्तुत कर उस्तादी का हक अदा कर दिया। उनके अनगिनत शे'र आज तक कहावत बनकर लोगों की जुबान पर है;

फूल तो दो दिन बहार-ए-जाँ फिजा दिखला गए
हसरत उन गुँचों पे है जो बिन खिले मुरझा गए

'ज़ौक़' की ग़ज़लों को पढ़ने से यह सिद्ध हो जाता है कि मज़्मूनों का नयापन, ज़बान की मिठास, मुहावरों का कैसलापन और इन सबका उचित प्रयोग उनके कलाम की विशेषताएँ हैं। 'ज़ौक़' की शायरी में अलंकारों का विशेष स्थान है, लेकिन फिर भी ज़बान आम आदमी की ज़बान लगती है। 'ज़ौक़' की शायरी आज भी लब्धप्रतिष्ठित मानी जाती है। इस बात का प्रमाण 'ज़ौक़' का शे'र है-

लाई हयात आए, कजा ले चली चले।
अपनी खुशी न आए, न अपनी खुशी चले॥

उसी उस्ताद शायर की ग़ज़लें हमने इस संकलन में एकत्रित की हैं, जिन्हें पढ़कर आप भी 'ज़ौक़' की कलम का लोहा मान जायेंगे।

अब तो घबरा के ये कहते हैं कि मर जायेंगे
मर के भी चैन न पाया, तो किधर जायेंगे

तुमने ठहरायी अगर ग़ैर के घर जाने की
तो इरादे यहाँ कुछ और ठहर जायेंगे

लाये जो मस्त हैं तुर्बत[1] पे गुलाबी आँखें
और अगर कुछ नहीं, दो फूल तो धर जायेंगे

हम नहीं वो जो करें ख़ून का दावा तुझ पर
बल्कि पूछेगा ख़ुदा, ख़ुदा भी तो मुकर जायेंगे

रुख़े रौशन[2] से नक़ाब[3] अपने उलटकर देखो
मेहर-ओ मह नज़रों से यारों के उतर जायेंगे

शोला ए आह[4] को बिजली की तरह चमकाऊँ
पर मुझे डर है कि वो देख के डर जायेंगे

'ज़ौक़' जो मदरसे के बिगड़े हुए हैं मुल्ला[5]
उनको मैख़ाना[6] में ले आओ, सँवर जायेंगे

---

1. क़ब्र 2. चमकता हुआ मुख 3. परदा 4. आह की लपट 5. विद्वान 6. मदिरालय।

अबस[1] तुम अपना रुकावट से मुँह बनाते हो
वो आयी लब पे हँसी देखो मुसकराते हो

छिपा के पान ये किसके लिए बनाते हो
हमारे क़त्ल का बीड़ा कहीं उठाते हो

तुम अपने रुख़ पे ये काजल का तिल बनाते हो
कि मेरा अख़्तरे बख़्ते सियह[2] बनाते हो

अगर दबाव किसी का तुम्हारे दिल पे नहीं
तो हमको देख के तुम कान क्यों दबाते हो

मिलाप जानें जभी हम कि दे के तुम बोसा
कहो कि आओ, ज़बाँ से ज़बाँ मिलाते हो

मरीज़े इश्क़ को तुम पूछकर तबीबों[3] से
मुदाम[4] शर्बते उन्नाब[5] क्या पिलाते हो

जिगर के आबले[6] जो फोड़ते हो हज़रते इश्क़
हमारी चुटकियों में हमको तुम उड़ाते हो

---

1. व्यर्थ 2. काले भाग्य के सितारे 3. चिकित्सकों 4. हमेशा 5. एक फल का शर्बत
6. फफोले।

गुलों! ये कह गयी क्या कान में तुम्हारे सबा[1]
कि लौटे जाते हो, फूले नहीं समाते हो

हमारी लाश पे आवाज़ क़ुमबे-इज़्निल्लाह[2]
तुम आ के हज़रते ईसा अबस[3] सुनाते हो

उठेंगे यार की ठोकर से ले चलो तश्रीफ़
नहीं तो फिर कोई सलवात[4] सुन के जाते हो

नमक छिड़ती है शबनम[5] गुलों के ज़ख़्मों पर
दिखा के तुम लब ओ दन्दाँ[6] जो खिलखिलाते हो

वो आये बाम पे हैं हमदमो[7] बैठो न अब
उठाओ मेरा जनाज़ा अगर उठाते हो

लगाऊँ घिस के जो सन्दल[8] तो कहते हो कि मुझे
लगावट इतनी भला किसलिए दिखाते हो

ये ऐसा कौन-सा अन्दाज़े-गुफ़्तगू[9] है 'ज़ौक़'
कि जिस पे ज़ोरे तबीअत[10] तुम आज़माते हो

---

1. प्रात:काल की ठण्डी हवा 2. ईश्वर की आज्ञा से उठो 3. व्यर्थ 4. गालियाँ 5. ओस
6. होंठ और दाँत 7. मित्रों 8. चन्दन 9. बातचीत का ढंग 10. दिल की भड़ास।

अलग होता[1] न खिंच-खिंच कर मेरा हर तार दामन से
न दामन ख़ार[2] से छूटे, न छूटे ख़ार दामन से

ख़बर लूँ ज़ेब का या मैं रहूँ हुशयार दामन से
जुनूँ उलझे हैं नाख़ुन ज़ेब से और ख़ार दामन से

लगे है इस तमन्ना में मेरे हर ख़ार दामन से
करूँ दस्तार[3] मैं गर हो अता[4] इक तार दामन से

करे गर धोते-धोते तू जुदा हर तार दामन से
न छूटे ख़ून मेरा तेरे ऐ ख़ूँ ख़्वार[5] दामन से

किया तूने किनारा[6] हमसे और हाथों से वहशत[7] के
गिरेबाँ[8] हम-कनार[9] आकर हुआ ऐ यार दामन से

तुम्हारे जल्वा ए रुख़[10] के जो बिस्मिल[11] ख़ाक पर लोटे
तो परियाँ आ के पोंछें ऐ परी रुख़्सार[12] दामन से

हुआ बेपरदा वो परदानशीं[13] तो यूँ किया परदा
बनाया दरमियाँ इक परदा ए दीवार दामन से

---

1. जिसमें कि, 2. काँटा 3. पगड़ी 4. देना 5. आग-जैसे स्वभाव वाला व्यक्ति 6. छोड़ना
7. पागलपन 8. कुर्ते का ऊपरी भाग 9. गोद में 10. मुख का तेज़ 11. घायल 12. गाल
13. परदे में रहने वाला।

अब उनको शश जहत¹ में हफ़्त दरिया² लोग कहते हैं
गिरे थे अश्क के क़तरे मेरे दो-चार दामन से

मुक़द्दर हो वो गुल क्या-क्या जो ना-दानिस्ता³ लग जाए
ज़रा दस्ते नसीमे दामने कोहसार दामन⁴ से

जुदा गर सर हो तन से और जुदा हों हाथ शानों⁵ से
जुदा हो पर न हाथ अपना तेरे ऐ यार दामन से

दिखाए सदम⁶ ए ज़ंजीर ने ये पाँव मजनूँ के
कि इक सदमा सा पहुँचे है दमे रफ़्तार दामन से

मेरे पाँव के छाले होते हैं क्या-क्या शिकस्ता दिल⁷
उलझ कर टूट जाता है जो कोई ख़ार दामन से

मेरा आँसू है वो ज़िहराब⁸ हो नीला बदन सारा
खुदा ना ख़्वास्ता⁹ लग जाये ऐ ग़मख़्वार¹⁰ दामन से

ये तुझ बिन अश्क-बारी¹¹ है कि आँसू पोंछता हूँ मैं
कभी तो आस्तीं से और कभी ऐ यार दामन से

---

1. छहों दिशाओं में 2. सात नदियाँ 3. अनजाने में 4. कुर्ते का अगला भाग 5. कन्धे 6. रंज
7. टूटा हुआ दिल 8. विष 9. परमात्मा न करे 10. दुःख सहने वाला 11. आँसू बहाना।

आज उनसे मुद्दई[1] कुछ मुद्दआ[2] कहने को हैं
पर नहीं मालूम क्या कहवेंगे, क्या कहने को हैं

वस्फ़े चशम[3] व वस्फ़े लब[4] उस यार का कहने को हैं
आज हम दरसे इशारात[5] व शिफ़ा[6] कहने को हैं

कह दे शबनम से न भर सीमाब[7] गुल के कान में
बुलबुलें अहवाले दिल[8] कुछ ऐ सबा कहने को हैं

देखे हैं आईने बहुत बिन ख़ाक हैं ना-साफ़[9] सब
हैं कहाँ अह्ले सफ़ा[10] अह्ले सफ़ा कहने को हैं

दम ब दम[11] रुक रुक के है मुँह से निकल पड़ती ज़बाँ
वस्फ़[12] उसका कह चुके फ़व्वारे या कहने को हैं

---

1. वादी 2. अभिप्राय 3. आँखों की प्रशंसा 4. होठों की प्रशंसा 5. चिकित्साशास्त्र का पाठ
6. चिकित्सा 7. पारा 8. दिल का हाल 9. गन्दे 10. साफ़ करने वाले 11. समय-समय
पर 12. स्वभाव।

आते ही तूने घर के फिर जाने की सुनायी
रह जाऊँ सुन न क्योंकर यह तो बुरी सुनायी

मजनूँ व कोहकन[1] के सुनते थे यार क़िस्से
जब तक कहानी हमने अपनी न थी सुनायी

कुछ कह रहा हैं नासेह[2], क्या जाने क्या कहेगा
देता नहीं मुझे तो ऐ बेख़ुदी[3] सुनायी

कहने न पाये उससे सारी हक़ीक़त[4] इक दिन
आधी कभी सुनायी, आधी कभी सुनायी

सूरत दिखाये अपनी देखें वो किस तरह से
आवाज़ भी न हमको जिसने कभी सुनायी

क़ीमत में जिंस[5] दिल की माँगा, जो 'ज़ौक़' बोसा[6]
क्या-क्या न उसने हमको खोटी-खरी सुनायी

---

1. ऐतिहासिक प्रेमियों के नाम 2. उपदेशक 3. बेसुधी 4. वास्तविकता 5. वस्तु 6. चुम्बन।

आता नहीं मह‌े तलअत[1] क्या देर लगायी है
खींच ऐ कशिशे उल्फ़त[2] क्या देर लगायी है

आँखों में है दम तेरे बीमारे मुहब्बत की
दिखालावे कहीं सूरत, क्या देर लगायी है

आना कहीं तेरा भी आना है क़यामत का
ऐ दिलबरे खुश क़ामत[3] क्या देर लगायी है

परवाने से कहती थी ये शम्आ कहीं जल चुकी
है तुझमें अगर जुर्अत, क्या देर लगायी है

किस फ़िक्र में है साक़ी, दे जाम[4] कि है जल्दी
थोड़ी है यहाँ फ़ुर्सत क्या देर लगायी है

गर क़त्ल ही करना है आशिक़ कहीं हो जल्दी
लाहौल विला क़ूवत[5] क्या देर लगायी है

याँ वादा भी आ पहुँचा, तू अब तलक आता है
अल्लाह रे तेरी ग़फ़लत[6] क्या देर लगायी है

---

1. चाँदी की-सी पोशाक वाला 2. प्यार का खिंचाव 3. अच्छी लम्बाई वाली प्रेमिका 4. शराब 5. धिक्कार 6. लापरवाही।

इल्म जिसका इश्क़ और जिसका अमल[1] वहशत[2] नहीं
वो फ़लातूँ है तो अपने क़ाबिले मुहब्बत[3] नहीं

ख़्वाह[4] फिरता है फ़लक[5] और ख़्वाह फिरती है ज़मीं
पर हमारे वास्ते याँ मंज़िले-राहत[6] नहीं

निज़ा में पानी चुआवे तूजों अपने हाथ से
मर्ग की तल्ख़ी[7] से शीरींतर[8] कोई शर्बत नहीं

दिल वो क्या जिसको नहीं तेरी तमन्ना ए विसाल[9]
चश्म वो क्या जिसको तेरी दीद[10] की हसरत नहीं

कहते हैं मर जायें गर छुट जायें ग़म के हाथ से
पर तेरे ग़म से हमें मरने की भी फुर्सत नहीं

एक दिल और उस पे इतने बारे ग़म अल्लाह रे दिल
और इस ताक़त पे ऐसा कोई बेताक़त नहीं

'ज़ौक़' इस सूरतकदे[11] में हैं हज़ारों सूरतें
कोई सूरत अपने सूरतगर[12] की बेसूरत नहीं

---

1. काम 2. पागलपन 3. संगति के योग्य 4. चाहे 5. आकाश के नीचे 6. शान्तिपूर्ण लक्ष्य 7. कड़वाहट 8. बहुत मीठा 9. मिलन की इच्छा 10. देखना 11. संसार 12. संसार बनाने वाला।

उतारा तन से सर तूने तो इस शामत के मारे का
अरे एहसान मानूँ सर से मैं तिनका उतारे का

मेरे तालै[1] में है क्या काम ऐ गरदूँ[2] सितारे का
चमक जाना है काफ़ी आतिशे दिल[3] के शरारे[4] का

नफ़स[5] है जादा ए उम्रे-रवाँ[6] जिस तरह से गुज़रे
यहाँ पूछे है ऐ गुमराह[7] क्या रस्ता गुज़ारे का

जिसे कहते हैं बहरे इश्क़[8] उसके दो किनारे हैं
अज़ल[9] नाम इस किनारे का, अबद[10] नाम उस किनारे का

न पकड़ें दामने इल्यास गिरदाबे-बला[11] में हम
कि बदतर डूबकर मरने से है, जीना सहारे का

फ़क़त[12] तारे नफ़स का 'ज़ौक़' ख़ते[13] जादा[14] काफ़ी है
पये[15] उम्रे रवाँ क्या चाहिए रस्ता गुज़ारे का

---

1. भाग्य 2. आकाश 3. दिल की आग 4. चिंगारी 5. साँस 6. बढ़ती हुई आयु का मार्ग
7. मार्ग से भटका हुआ 8. प्रेम का सागर 9. आरम्भ 10. अन्त 11. मुसीबत का भँवर
12. केवल 13. लकीर 14. पगडण्डी 15. के लिए।

उस सगे आस्ताँ[1] पे जबीने नियाज़[2] है
वो अपनी जा नमाज़ है और ये नमाज़ है

नासाज़[3] है जो हमसे, उसी से ये साज़ है
क्या खूब दिल है वाह हमें जिस पे नाज़ है

दरवाज़ा मैकदे का न कर बन्द मुहतसिब[4]
ज़ालिम खुदा से डर कि दरे तौबा बाज़[5] है

डरता हूँ ख़ंजर उसका न जाये हो के आब
मेरे गले में नाला ए आहन[6] गुदाज़ है

पहुँचा है शब कमन्द लगाकर वहाँ रक़ीब[7]
सच है हरामज़ादे की रस्सी दराज़[8] है

उस बुत पे गर खुदा भी हो आशिक़, तो आये रश्क
हरचन्द जानता हूँ कि वो पाकबाज़[9] है

आहो-फ़ुग़ाँ न कर जो खुले ज़ौक़ दिल का हाल
हर नाला इक कलीदे[10]-दरे-गंजे[11] राज़ है

---

1. चौखट का पत्थर 2. आस्था से भरा मस्तक 3. रुष्ट 4. हिसाब माँगने वाला 5. खुले हुए द्वार पर बुराई छोड़ने की प्रतिज्ञा करना 6. लोहे का रोना-चिल्लाना 7. शत्रु 8. लम्बी 9. पवित्र 10. कुँजी 11. ख़ज़ाने का द्वार।

उसे हमने बहुत ढूँढ़ा, न पाया
अगर पाया तो खोज अपना न पाया

जिस इन्सां को सगे दुनिया[1] न पाया
फ़रिश्ता[2] उसका हम[3] पाया, न पाया

मुक़द्दर ही पे गर सूद ओ ज़ियाँ[4] से पाया
तो हमने कुछ यहाँ खोया, न पाया

लहद[5] में भी तेरे मुज़्तर[6] ने आराम
ख़ुदा जाने कि पाया या न पाया

किया था या न था सब हम पे गुज़रा
फ़लक तूने किया अपना न पाया

करे क्या सैर दिल मुल्के फ़ना[7] की
कि इस बाज़ार में सौदा[8] न पाया

अहाते से फ़लक के हम तो कब के
निकल जाते मगर रस्ता न पाया

---

1. दुनिया का कुत्ता 2. देवता 3. बराबर का 4. लाभ और हानि 5. क़ब्र 6. व्यथित 7. नश्वर संसार 8. ख़रीदना-बेचना।

ऐ 'ज़ौक़' वक़्त नाले[1] के रख ले जिगर पे हाथ
वरना जिगर को रोयेगा तू धर के सर पे हाथ

मैं नातवाँ हूँ ख़ाक का परवाने की ग़ुबार[2]
उठता हूँ रख के दोशे[3] नसीमे सहर[4] पे हाथ

ख़त दे के चाहता था ज़बानी भी कुछ कहे
रक्खा मगर किसी ने दिले नामाबर[5] पे हाथ

खाए है इस मज़े से गमे इश्क़ मेरा दिल
जैसे गुरसना[6] मारे है हलवा ए तर[7] पे हाथ

ऐ शम्आ! देख बज़्मे फ़ना[8] में सँभल के बैठ
मारेगी दम में सुब्ह तेरे ताजे ज़र[9] पे हाथ

छोड़ा न दिल में सब्र न आराम ने क़रार[10]
तेरी निगह ने साफ़ किया घर के घर पे हाथ

ऐ 'ज़ौक़' मैं तो बैठ गया दिल को थामकर
इस नाज़ से खड़े थे वो रखकर कमर पे हाथ

---

1. रोते समय 2. धूल 3. कन्धा 4. प्रातःकाल की वायु 5. पत्रवाहक के दिल 6. भूखा
7. तर हलवा 8. नश्वर संसार 9. सुनहरा मुकुट 10. चैन।

संग दिल बिन तेरे हम शाद तो क्या पत्थर[1] थे
सीना था, दस्त था, सर अपना था या पत्थर थे

वो भी दिन याद हैं जब कूचा-ए-दिल[2] दार में आह
बिस्तरे ख़ाक[3] था और तकिया की जा[4] पत्थर थे

पूछा उस बुत[5] ने, जो निकली न जुबाँ से इक बात
हज़रते दिल वहाँ क्या बारे ख़ुदा[6] पत्थर थे

जिन दिलों ने है किया चूर मेरा शीशा ए दिल
ऐ बुतो! दिल तो न थे, वो ब ख़ुदा[7] पत्थर थे

ख़ाक[8] उस ज़ीस्त[9] पे जब संगे दर[10] उसके हुए
मर के हम ख़ाक में जीते थे, तो क्या पत्थर थे

मेर नालों[11] ने तो पत्थर से बहाये चश्मे
ऐ बुतो! तुम्हीं पसीजे न ज़रा पत्थर थे

काबा ए इश्क़[12] का ऐ 'ज़ौक़' किया हमने तवाफ़[13]
आईना ख़ाक थी और संगे सफ़ा[14] पत्थर थे

---

1. ऐसा नहीं हो सकता 2. प्रेमिका की गली 3. मिट्टी का बिछौना 4. जगह 5. प्रेमिका
6. परमात्मा के लिए 7. परमात्मा की सौगन्ध 8. धिक्कार 9. जीवन 10. दरवाज़े का पत्थर
11. रोना-चिल्लाना 12. प्रेम का तीर्थस्थल 13. चारों ओर घूमना 14. शुद्ध करने वाला पत्थर।

कब हक़परस्त[1] ज़ाहिदे जन्नत परस्त[2] है
हूरों[3] पे मर रहा है, ये शहवत परस्त[4] है

दिल साफ़ हो, तो चाहिए माना परस्त[5] हो
आईना ख़ाक साफ़ है, सूरत परस्त है

दर्वेश है वही, जो रियाज़त[6] में चुस्त हो
तारिक[7] नहीं फ़क़ीर भी राहत परस्त है

जुज़[8] जुल्फ़ सूझता नहीं ऐ मुर्ग़े दिल तुझे
ख़ुफ़्फ़ाश[9] तो नहीं है कि जुल्मत परस्त[10] है

दौलत की रख न मारे-सूरे ए गंज[11] से उमीद
मूज़ी[12] वो देगा क्या कि जो दौलत परस्त[13] है

ये 'ज़ौक़' मैपरस्त है या है सनम परस्त
कुछ है बला से लेक[14] मुहब्ब परस्त है

---

1. आस्तिक 2. स्वर्ग का इच्छुक धर्मात्मा 3. परियाँ 4. काम भोगी 5. आध्यात्मिक 6. तपस्या
7. संसार का त्याग करने वाले 8. सिवा 9. चमगादड़ 10. अंधकार का इच्छुक 11. ख़ज़ाने
पर बैठने वाला साँप 12. कंजूस 13. धन की इच्छा करने वाला 14. लेकिन।

क़सद[1] जब तेरी ज़ियारत[2] का कभू करते हैं
चश्मे पुर आब से आईने वज़ू[3] करते हैं

करते इज़हार हैं दर-परदा[4] अदावत[5] अपनी
वह मेरे आगे जो तारीफ़े अदू करते हैं

दिल का ये हाल है फट जाये है सौ जाएं[6] से और
अगर इक जाय से हम उसको रफ़ू करते हैं

तोड़ें इक नाले से इस कासा ए गरदूँ[7] को मगर
नोश[8] हम इसमें कभू दिल का लहू करते हैं

क़दे दिल जू[9] को तुम्हारे नहीं देखा शायद
सरकशी[10] इतनी जो सर्वे लबे जू[11] करते हैं

---

1. इरादा 2. दर्शन 3. नमाज़ के लिए हाथ-पाँव धोना 4. पीठ पीछे 5. शत्रुता 6. सौ जगह से 7. आकाशरूपी बरतन 8. पीना या ख़ाना 9. प्रेमिका की ऊँचाई 10. विद्रोह 11. नदी किनारे उगा सरो का वृक्ष।

कहता है किसको नाज़ से, तू दम-ब-दम परे
तू दो क़दम कहे, मैं रहूँ सौ क़दम परे

अल्लाह रे इज्तिराब[1] कि जूँ आतशी क़लम[2]
हाथों से जा पड़ा मेरे छुटकर क़लम परे

ये क्या शबे विसाल[3] कि, दोनों बहम[4] तो हैं
पर हम से वो हैं बैठे परे, उनसे हम परे

तुम आओ घर तो आओ, नहीं मुझको लो बुला
घर से तुम्हारे घर है मेरा कै[5] क़दम परे

मैंने कहा जो उनसे निकलता है मेरा दम
बोले, ख़ुदा के वास्ते रखिये ये दम परे

देखो, न जाओ हज़रते दिल ज़ुल्फ़े यार में
रस्ता नहीं है आपके सर की क़सम परे

करता है क्या मसाफ़ते मंज़िल की फ़िक्र 'ज़ौक़'
है अब तो या से मुल्के अदम[7] दो क़दम पर

---

1. बेचैनी 2. आग-जैसा क़लम 3. मिलन रात्रि 4. पास-पास 5. कितने 6. निर्दिष्ट स्थान की थकान 7. परलोक।

कहते हैं लोग सब कि नहीं पाँव झूट के
झूटे तो बैठते भी नहीं पाँव टूट[1] के

चलता हूँ ज़ौक़ क़ैद से हस्ती[2] की छूट के
ये क़ैद मार डालेगी दम घूँट-घूँट के

ढाला जो तुझको हुस्न के साँचे में ऐ सनम
आँखों की जायें[3] भर दिये मोती-से कूट के

बेदर्द[4] सीना कूटना ख़ाली नहीं मेरा
दिल में भरा है दर्द मेरे कूट-कूट के

क्योंकर हुबाब[5] हो सके दरिया ए बेकराँ[6]
दरिया से जब तलक न मिले टूट-फूट के

उस शमा रू[7] से रात को रुख़्सत हुए जो 'ज़ौक़'
रोये हैं दिल के आबले[8] क्या फूट-फूट के

---

1. चुपचाप बैठना 2. जीवन 3. स्थान 4. निष्ठुर 5. बुलबुला 6. अथाह नदी 7. दीपक के समान चमकदार मुँह 8. छाले।

कहाँ तलक कहूँ साक़ी कि ला शराब तो दे
न दे शराब, डुबोकर कोई कबाब तो दे

बुझेगा सोज़े दिल[1] ऐ गिरिया[2] पल में आब[3] तो दे
दिगर है आग में दुनिया यूँ ही अज़ाब[4] तो दे

दिले बरगश्ता[5] को मेरे न छोड़ो मैख़ुवारो[6]
जो लज़्ज़त[7] इसमें है, ऐसा मज़ा कबाब तो दे

बला से आप न आयें, प आदमी उनका
तसल्ली आ के मुझे वक़्ते इज़्तिराब[8] तो दे

नशे में होश किसे जो गिने, हिसाब करे
जो तुझको देने हैं बोसे[9] बिला हिसाब तो दे

जवाबनामा[10] नहीं गर तो रख दो नामा ए यार[11]
जो पूछें क़ब्र में आशिक़ से कुछ जवाब तो दे

हमारी आँख से हमचश्म[12] होगा क्या दरिया
किसी को भर के ज़रा कास ए हुबाब[13] तो दे

---

1. दिल की जलन 2. रोना 3. पानी 4. सज़ा 5. फिरा हुआ दिल 6. शराबी 7. स्वाद
8. बेचैनी के समय 9. चुम्बन 10. पत्र का उत्तर 11. प्रेमिका का पत्र 12. आमने-सामने
13. बुलबुलों वाला प्याला, अर्थात शराब।

कुछ नहीं चाहिए तजहीज़[1] का असबाब[2] मुझे
इश्क़ ने कुश्ता[3] किया सूरते सीमाब[4] मुझे

उसने मारा रुख़े रौशन[5] की दिखा ताब[6] मुझे
चाहिए जाए-कफ़न[7] चादरे महताब[8] मुझे

कल जहाँ से कि उठा लाये थे एहबाब[9] मुझे
ले चला आज वहीं फिर दिले बेताब मुझे

मैं वो मजनूँ हूँ कि मजनूँ भी हमेशा ख़त में
क़िब्ला ओ काबा लिखा करता है अल्क़ाब[10] मुझे

सफ़रे उम्र[11] है यारब कि है तूफ़ाने बला
हर क़दम सैरे हवादिस[12] का है गिर्दाब[13] मुझे

मैं न तड़पा जो दमे ज़िब्ह[14] तो यह बाइस[15] था
कि रहा मद्देनज़र[16] इश्क़ का आदाब[17] मुझे

वर्ना वो शोख़ कि जो गुल से भी नाज़ुक हो सिवा[18]
लेवे इस तरह से ज़ानू[19] के तले दाब मुझे

---

1. अन्तिम क्रिया 2. सामान 3. मारे हुए 4. पारे की भाँति 5. चमकता हुआ मुख 6. चमक 7. कफ़न का स्थान 8. चाँद की चादर अर्थत चाँदनी 9. मित्रगण 10. उपाधि 11. जीवन यात्रा 12. मुसीबतों की बाढ़ 13. भँवर 14. क़त्ल के समय 15. कारण 16. ध्यान में 17. आदर 18. अधिक 19. जाँघ।

कुफ़्ल[1] सदखानए[2] दिल आया जो, तू टूट गये
जो तिलिस्मात[3] न टूटे थे कभू, टूट गये

टाँके क्या ज़ेब के, फिर बादे रफ़ू टूट गये
हो के नाख़ून कभी सीना में फ़रू[4] टूट गये

तू जो कहता है कि दे ग़ैर को भी साग़रे मै
हाथ क्या उसके हैं ऐ आईना[5] रु टूट गये

दुख़्तरे रज़[6] ने वो अन्दाज़ दिखाये सरे बज़्म
रात यारों के यहाँ गुस्लो वज़ू टूट गये

देखकर सुरमे की तहरीर तेरी आँखों में
काफ़िरों के भी हैं जुन्नारे गुलू[7] टूट गये

चश्मे मख़्मूर[8] के इक जाम में सब यारों के
रात सर रिश्ता ए आमाल[9] नकू[10] टूट गये

तीर खींचे भी अगर चारागरों ने दिल से
तो कभी छूट गये और कभी टूट गये

---

1. ताला 2. सैकड़ों रुकावटें 3. जादू 4. नीचे 5. झगड़ालू 6. शराब 7. गले का जनेऊ
8. नशीली आँख 9. काम के सम्बन्ध 10. अच्छा।

कोई इन तंग दहानों[1] से मुहब्बत न करे
और जो ये तंग करें मुँह, से शिकायत न करे

है जराहत[2] का मेरी सौदा ए इल्मास[3] इलाज
फ़ायदा इसको कभी संगे जराहत[4] न करे

हर क़दम पर मेरे अश्कों से रवाँ है दरिया
क्या करे जादा[5] अगर तर्के रफ़ाक़त[6] न करे

आज तक ख़ूँ से मेरे तर है ज़बाने ख़ंजर
क्या करे जब के तलब[7] कोई शहादत[8] न करे

बिन जले शम्अ के परवाना नहीं जल सकता
क्या बड़े इश्क़ अगर हुस्न ही सबक़त[9] न करे

---

1. छोटे मुँह वाले 2. शल्य चिकित्सा 3. हीरे का उन्माद 4. जिस पत्थर का प्रयोग शल्य किया में किया जाता है 5. रास्ता 6. मित्रता समाप्त कर देना 7. माँगना 8. गवाही 9. आगे बढ़ना।

कोह[1] के चश्मों[2] से अश्कों[3] को निकलते देखा
ऐ सनम[4] पर तेरा पत्थर न पिघलते देखा

था मैं इस बाग़ में नख़ूले-गुले-आतिशबाज़ी[5]
फूलते देखा मगर आह न फलते देखा

जो चढ़ा औजे फ़ना[6] पर वो गिरा साया नमत[7]
पाँव उस कोठे से है सबका फिसलते देखा

कू ए जानाँ[8] में है दिल जैसा गया क़ाबू से
हमने बच्चे को भी ऐसा न मचलते देखा

अश्क को लेता न दामन[9] में, तो क्या करता मैं
गहवारे[10] में ये लड़का न सँभलते देखा

कू ए जाना से हम और ख़ुल्द[11] से आदम निकले
उनको देखा नहीं, पर हमको निकलते देखा

ख़ाना ए दिल[12] के सिवा आतिशे ग़म से ऐ 'ज़ौक़'
सामने आँखों के घर किसने है जलते देखा

---

1. पहाड़ 2. पानी का स्त्रोत 3. आँसू 4. प्रेमिका 5. पटाख़ारूपी फूलों के वृक्ष 6. नश्वरता की ऊँचाई 7. भाँति 8. प्रेमिका की गली 9. गोद, 10. झूला 11. स्वर्ग 12. दिल का घर।

क्या आये तुम जो आये घड़ी-दो घड़ी के बाद
सीने में होगी साँस अड़ी-दो घड़ी के बाद

क्या रोका अपने गिरिये को हमने[1] कि लग गयी
फिर वही आँसुओं की झड़ी दो घड़ी के बाद

कोई घड़ी अगर वो मुलायम हुए, तो क्या
कह बैठेंगे फिर एक कड़ी-दो घड़ी के बाद

कहता रहा कुछ उससे अदू[2] दो घड़ी तलक
गुम्माज़[2] ने फिर और जड़ी दो घड़ी के बाद

परवाना गिर्द[4] शमा के शब दो घड़ी रहा
फिर देखी उसकी ख़ाक पड़ी दो घड़ी के बाद

तू दो घड़ी का वादा न कर देख जल्द आ
आने में होगी देर बड़ी दो घड़ी के बाद

क्या जाने दो घड़ी वो रहे 'ज़ौक़' किस तरह
फिर तो न ठहरे पाँव घड़ी-दो घड़ी के बाद

---

1. रोना 2. शत्रु 3. चुगुलख़ोर 4. चारों ओर।

क्या ग़रज़[1] लाख ख़ुदाई[2] में हों दौलत वाले
उनका बन्दा[3] हूँ जो बन्दे हैं मुहब्बत वाले

गये जन्नत में अगर सोज़े-मुहब्बत[4] वाले
तो ये जानो, रहे दोज़ख़[5] ही में जन्नत वाले

साक़िया हों जो सुबूही[6] की न आदत वाले
सुबहे महशर[7] को भी उठें न तेरे मतवाले

किस मर्ज़ की हैं दवा, ये लबे जाँ बख़्श[8] तेरे
जाँ ब लब[9] हैं तेरे आज़ारे[10] मुहब्बत वाले

न शिकायत है करम की, न सितम की ख़ूवाहिश
देखे तो हम भी हैं क्या सब ओ क़नाअत[11] वाले

दिल से कुछ कहता हूँ मैं, मुझसे है कुछ कहता दिल
दोनों इक हाल में हैं रंज ओ मुसीबत वाले

क्या तमाशा है कि मिस्ले महे-नौ[12] अपना फ़रोग़[13]
जानते अपनी हिक़ारत को हैं शोहरत वाले

---

1. मतलब 2. प्रभुत्व 3. सेवक 4. प्यार की जलन 5. नरक 6. सुबह की शराब 7. प्रभात का प्रलय 8. प्रणदाता होठ 9. मरणासन्न 10. रोग 11. सन्तोष 12. नये चाँद की भाँति 13. उन्नत

हाय रे हसरते दीदार[1] मेरी हाय को भी
लिखते हैं हाय दो चश्मी[2] सी किताबत वाले[3]

बेनसीबों[4] के नसीबों[5] में कहाँ यार का वस्ल[6]
उनकी क़िस्मत में है, जो लोग हैं क़िस्मत वाले

तू गर आ जाये, तो ऐ दर्दे मुहब्बत की दवा
मेरे हमदर्द हों बेदर्द फ़ज़ीहत वाले

हिर्स के फेलते हैं पाँव बक़दरे-बुसअत[7]
तंग ही रहते हैं दुनिया में फ़राग़त[8] वाले

कभी अफ़सोस है आता, कभी रोना आता
दिले बीमार के हैं दो ही अयादत[9] वाले

तू मेरे हाल से ग़ाफ़िल है, पर ऐ ग़फ़लतकश[10]
तेरे अन्दाज़ तग़ाफ़ुल[11] नहीं ग़फ़लत वाले

नाज़[12] है गुल को नज़ाकत[13] पे चमन में ऐ 'ज़ौक़'
उसने देखे ही नहीं नाज़ ओ नज़ाकत वाले

---

1. देखने की अभिलाषा 2. उर्दू का एक शब्द 3. सुलेख लिखने वाले 4. दुर्भाग्यशाली
5. भाग्य 6. मिलन 7. लम्बाई-चौड़ाई के अनुसार 8. शान्तिप्रिय 9. हाल-चाल पूछना 10.
लापरवाह 11. भूलना 12. घमण्ड 13. कोमलता।

क्या मद्दे नज़र[1] तुमको है, यारों से तो कहिये
गर मुँह से नहीं कहते, इशारों से तो कहिये

हाले-दिले-बेताब[2] कहा जाये, जो कुछ भी
गर कहिये न लाखों से, हज़ारों से तो कहिये

क्या कहते हो आने के सरे ख़ाके शहीदाँ[3]
गर फ़ित्ले[4] उठाने हों, मज़ारों[5] से तो कहिये

कुछ सोज़े-दिल[6] अपना किसी दिल सोज़ के आगे
फ़ुर्सत हो तपे ग़म के हरारों[7] से तो कहिये

मौक़ूफ़[8] है गर दिल का शिकार आनो अदा[9] पर
तो पहले कुछ उन मीर शिकारों से तो कहिये

शाने का दिले चाक[10] पसन्द आप को आया
किस वास्ते ये सीनाफ़िगारों[11] से तो कहिये

कहिये न तुनुकज़र्फ़[12] से ऐ 'ज़ौक़' कभी राज़
कहकर उसे सुनना हो, हज़ारों से तो कहिये

---

1. दृष्टिगत 2. बेचैन दिल का हाल 3. मिटने वाले 4. ऊधम 5. क़ब्र 6. दिल की जलन
7. गरम हुए 8. समर्पित 9. नाज़-नखरे 10. फटा दिल 11. फटे हुए सीने वाले 12. छिछले
स्वभाव वाले।

ख़त[1] बढ़ा, काकुल[2] बढ़े, जुल्क़ें बढ़ीं, गेसू बढ़े
हुस्न की सरकार में जितने बढ़े, हिन्दू बढ़े

बाद रंजिश[3] के गले मिलते हुए रुकता है जी
अब मुनासिब है यही कुछ मैं बढ़ूँ, कुछ तू बढ़े

दश्त[4] में मजनूँ से मिलने को बढ़ाये हमने हाथ
ज़ोफ़[5] से मुद्दत में जूँ शाख़े-सरे-आहू[6] बढ़े

बढ़ते-बढ़ते बढ़ गयी वहशत वगरना पहले तो
हाथ के नाख़ून बढ़े, सर के हमारे मू[7] बढ़े

पास है साक़ी तेरे वो दारू-ए-फरहत फ़ज़ा[8]
जिसके इक क़तरे से सेरों जिस्म में लोहू बढ़े

चाहता है दिल, बड़े उल्फ़त की उससे रस्म ओ राह[9]
पर वहाँ क़ाबू नहीं, किस तरह बेक़ाबू बढ़े

पेशवाई[10] को ग़मे जानाँ की चश्मो दिल से 'ज़ौक़'[11]
जब बड़े नाले, तो उनसे पेशतर आँसू बढ़े

---

1. क़लम के बाल 2. महिलाओं के घुँघराले बाल 3. मनमुटाव 4. जंगल 5. कमज़ोरी 6. हिरन के सींग 7. बाल 8. ख़ुशी बढ़ाने वाली दवा 9. घनिष्ठता, 10. स्वागत के लिए आगे बढ़ना।

ख़याले दिल में परी न लाओ, हमारे दिल में तुम्हारा घर है
तुम आते आओ, नहीं न आओ, हमारे दिल में तुम्हारा घर है

ये एक दिल है आईना, तुम हो सूरत, नहीं है कोई यहाँ कदूरत[1]
किसी को घर में बुला बिठाओ, हमारे दिल में तुम्हारा घर है

ख़लल[2] बिनाए-मकाँ[3] को पहुँचे, तो होगा नुक़्साँ मकीं[4] को पहले
मकाँ को दिल के न तुम गिराओ, हमारे दिल में तुम्हारा घर है

ग़लत है तोहमत[5] है अफ़्तरा[6] कि हमने दिल और को दिया है
किसी के कहने पे तुम न जाओ, हमारे दिल में तुम्हारा घर है

गयी है रात अब बहुत ज़्यादा, किधर का करते हो तुम इरादा
न घर के जाने की अब सुनाओ, हमारे दिल में तुम्हारा घर है

मकाने-दीदा[7] पसन्दे-ख़ातिर[8] अगर नहीं है कि होंगे ज़ाहिर
तो ख़ैर तशरीफ़ तुम न लाओ, हमारे दिल में तुम्हारा घर है

तुम इसको दो दाग़े मिस्ले लाला[9] औ या करो बैठकर उजाला
बिगाड़ो तुम इसको या बनाओ, हमारे दिल में तुम्हारा घर है

यही ज़ुबाँ से है 'ज़ौक़' कहता, तुम्हारा ध्यान इसमें रहता
जुदा[10] मकान और क्यों बनाओ, हमारे दिल में तुम्हारा घर है

---

1. बुराई 2. अड़चन 3 मकान की नींव 4. मकान में रहने वाले 5. दोषारोपण 6. झूठ 7
आँख रूपी घर 8 मन को अच्छा लगना 9. लाला के फूल की भाँति धब्बा 10. अलग।

खूब   रोका   शिकायतों   से   मुझे
तूने   मारा   इनायतों[1]   से   मुझे

कहते   क्या-क्या   हैं   देख   तो   अग़्यार
यार   तेरी   हिमायतों[2]   से   मुझे

ये भी तक़दीर का लिखा कि लिखें
ख़त वो किन-किन क़नाअतों[3] से मुझे

वाजिबुल   क़त्ल[4]   उसने   ठहराया
आयतों[5]   से,   रवायतों[6]   से   मुझे

ज़िक्रे   मेंहरो   वफ़ा[7]   करूँ   तो   कहें
नहीं   शौक़   इन   हिकायतों[8]   से   मुझे

---

1. कृपा 2. सहयोग 3. सन्तोष 4. मारने योग्य 5. क़ुरान के वाक्य 6. परम्पराओं 7. एक फ़ारसी कहानी 8. कहानियाँ।

गुंचे[1] तेरी गुंचादहनी[2] को नहीं पाते
हँसते हैं, मगर तेरी हँसी को नहीं पाते

हम तुम-सा अदू[3] अपना किसी को नहीं पाते
तुम पाते हो हमको, तो छुरी को नहीं पाते

दिल हमने दिया क्यों तुझे ऐ संगदिल अपना
कमबख़्त[4] हम उस सख़्त घड़ी को नहीं पाते

वो कौन-सा ग़म है, जिसे पाते नहीं दिल में
लेकिन नहीं पाते, तो ख़ुशी को नहीं पाते

हम वस्ल की शब लेते हैं ये बोसा के लब पर
हम लब पे ज़र्रा भी सहर रंग मिसी[5] को नहीं पाते

मैं ऐसा कहीं गुम हूँ कि याराने अदम[6] भी
गुम हो के मेरी गुमशुदगी को नहीं पाते

वो दिन हैं कहाँ, बहते थे जो चश्मे[7] से चश्मे[8]
अब नाम को भी उनमें नमी[9] को नहीं पाते

---

1. कली 2. कली-जैसा मुँह 3. शत्रु 4. पत्थर दिल 5. एक जड़ी, जिसे महिलाएँ अपने दाँतों में लगाती हैं 6. परलोकवासी मित्र 7. आँख 8. स्रोत 9. तरावट।

गुज़रती उम्र है यूँ दौरे-आसमानी[1] में
कि जैसे जाये कोई कश्ति ए दुख़ानी[2] में

रुकाव ख़ूब[3] नहीं तब्अ[4] की रवानी[5] में
कि बू फ़साद[6] की आती है बन्द पानी में

लगाते तोहमते-गिरिया[7] हैं दिलजलों को तेरे
ये लोग वो हैं लगाते हैं आग पानी में

कहूँ मैं अपनी कहानी तो वो ये कहते हैं
बग़ैर झूठ नहीं और कुछ कहानी में

निगाह किसकी चढ़ा दिल कि ख़ौफ़ से दिन-रात
गुज़रती है मुझे दिल की निगाहपानी[8] में

नहीं ख़िज़ाब से मतलब मगर ये मू ए सफ़ेद[9]
सियाहपोश[10] हुए मातमे जवानी[11] में

वो सीधे घर को सिधारे और उनकी खोज में हम
फिरे भटकते हुए कू-ए बदगुमानी में

---

1. इधर-उधर चक्कर लगाना 2. भाप से चलने वाली नाव 3. अच्छा 4. चित्त 5. बहाव
6. झगड़ा 7. आँसू बहाने का आरोप 8. रखवाली 9. सफ़ेद बाल 10. काली पोशाक वाले
11. जवानी का दुःख।

चर्ख़[1] ज़िद्दी है कोई ज़िद न दिखावे उसको
कि सुने ऊद[2] को ग़र्की, तो जलावे उसको

देखें तुम कैसे भुलक्कड़ हो, जिसे करते हो याद
भूल तो जाओ भला मेरे भुलावे उसको

आबरू[3] ख़ाक में दी उसने मिला आईने की
मुझ-सा हो आईना, तो मुँह न दिखावे उसको

आये तस्वीर ही उसकी, वो न आये, तो न आये
पर मेरे पास कोई खींच ही लावे उसको

प्यार की बात ये मुझसे नहीं, इक और से है
तेरी ये ख़ू है, कहे मुझको, सुनावे उसको

वो अयादत[4] को मेरी आये, तो क्योंकर आये
मर भी जाऊँ, तो ज़रा रह्म न आये उसको

मुश्ते ख़ाक[6] अपनी कल उस कूचे में हम फेंक आये
अब वो 'ज़ौक़' आप उठावे, न उठावे उसको

---

1. आकाश 2. अगर की लकड़ी 3. प्रतिष्ठा 4. आदत 5. हाल पूछना 6. मुट्ठी-भर मिट्टी।

चश्मे क़ातिल[1] हमें क्योंकर न भला याद रहे
मौत इंसान को लाज़िम है, सदा याद रहे

याद, उस वादा-फ़रामोश[2] ने ग़ैरों से बदी[3]
याद कुछ कम तो न थी और तेरे सिवा याद रहे

ख़त भी लिखते हैं, तो लेते हैं ख़ताई काग़ज़[4]
देखिये, कब तक उन्हें मेरी ख़ता याद रहे

क़त्ले आशिक़[5] पे कमर बांधी है ऐ दिल उसने
पर ख़ुदा है कि उसे नाम मेरा याद रहे

जब ये दींदार[6] हैं, दुनिया की नमाज़ें पढ़ते
काश! उस वक़्त उन्हें नामे-खुदा[7] याद रहे

हम पे सौ बार जफ़ा[8] हो, तो रखो एक न याद
भूलकर भी कभी होवे तो वफ़ा याद रहे

मल्ल[9] इतने भी न हो इश्क़े बुताँ[10] में ऐ 'ज़ौक़'
चाहिए बन्दे को हर वक़्त ख़ुदा याद रहे

---

1. क़ातिल की आँख 2. वचन को भूल जाने वाला 3. शर्त लगाना 4. ख़राब काग़ज़
5. प्रेमी का क़त्ल करना 6. धार्मिक व्यक्ति 7. परमात्मा की भक्ति 8. बेवफ़ाई 9. तल्लीन
10. सुन्दरियों का प्रेम।

चुपके-चुपके ग़म का ख़ाना कोई हमसे सीख जाये
जी ही जी में तिलमिलाना कोई हमसे सीख जाये

ज़िक्र शम्मे हुस्न[1] लाना कोई हमसे सीख जाये
उनको दरपरदा[2] जलाना कोई हमसे सीख जाये

लुत्फ़ उठाना[3] है अगर मंज़ूर उनके नाज़[4] का
पहले उनका नाज़ उठाना कोई हमसे सीख जाये

कह दो क़ासिद[5] से कि जाये कुछ बहाने से वहाँ
गर नहीं आता बहाना कोई हमसे सीख जाये

ज़ख़्म तो सीते हैं सब, पर सोज़ने इल्मास[6] से
चाक सीने[7] के सिलाना कोई हमसे सीख जाये

पूछे मुल्ला से जिसे करना हो सिजदा सहो[8] का
सीखे गर अपना भुलाना कोई हमसे सीख जाये

देखकर क़ातिल को भर लाये ख़राशे दिल[9] में खूँ
सच तो ये है मुस्कराना कोई हमसे सीख जाये

---

1. दीपकरूपी सौन्दर्य 2. पीठ पीछे 3. मनोरंजन करना 4. नख़रे 5. सन्देशवाहक 6. हीरे की सुई 7. फटा हुआ हृदय 8. ग़लती 9. दिल की ख़राश।

ख़त में लिखवाकर उन्हें भेजा तो मत्ला[1] दर्द का
दर्दे दिल अपना जताना कोई हमसे सीख जाये

जब कहा मरता हूँ, वो बोले मेरा सर काटकर
झूठ को सच कर दिखाना कोई हमसे सीख जाये

वाँ हिले अबरू[2] यहाँ फेरी गले पे हमने तेग़
बात का ईमा[3] से पाना कोई हमसे सीख जाये

सुन के आमद[4] उनकी अज़-ख़ुद[5] रफ़्ता[6] हो जाते हैं हम
पेशवा[7] लेने को जाना कोई हमसे सीख जाये

हमने अव्वल ही कहा था तू करेगा हमको क़त्ल
तेवरों[8] का ताड़ जाना कोई हमसे सीख जाये

जो सिखाया अपनी क़िस्मत ने वगरना[9] उसको ग़ैर
क्या सिखायेगा, सिखाना कोई हमसे सीख जाये

क्या हुआ ऐ 'ज़ौक़' हैं जूँ मर्दुमक़[10] हम रूसियाह[11]
लेकिन आँखों में समाना कोई हमसे सीख जाये

---

1. पहला शे'र 2. भौं 3. संकेत 4. आगमन 5. अपने आप 6. चले जाना 7. आगे 8. भृकुटी
9. नहीं तो 10. पुतलियों की भाँति 11. काला मुँह।

गुल[1] हाथ पर कि दाग़, जिगर पर ऐ निगार[2] दे
पर कुछ निशानी अपनी मुझे यादगार दे

वो नातवाँ[3] हैं, मैं कि न जुम्बिश[4] करूँ कभी
पलटे अगर न मुझको दिले बेक़रार दे

ऐसा न हो कि आते ही आते जवाबे-ख़त[5]
क़ासिद[6] जवाब ज़िन्दगी-ए-मुस्तआर[7] दे

ग़म यार का रहेगा मेरे साथ ता अदम
सच है कि साथ यार का क्योंकर न यार दे

ऐ शम्अ तेरी उम्रे तबीई है एक रात
हँस कर गुज़ार या इसे रोकर गुज़ार दे

नैरहम है, न पासे मुहब्बत, न मुंसिफ़ी[8]
फिर जान किस उम्मीद पे ये जांनिसार[9] दे

इस जब्र पर तो 'ज़ौक़' बशर[10] का ये हाल है
क्या जाने क्या करे जो ख़ुदा इख़्तियार[11] दे

---

1. नगीना 2. सुन्दरी 3. कमज़ोर 4. हिलना 5. पत्र का उत्तर 6. पत्रवाहक 7. उधार माँगी हुई ज़िन्दगी 8. न्याय, 9. जान देने वाला 10. व्यक्ति 11. अधिकार।

जब तेरा शोला ए रुख़सार[1] नज़र आता है
सर्द ख़ुरशीद[2] का बाज़ार नज़र आता है

मस्ते चश्म उसका जो मैख़्वार नज़र आता है
है तो दीवाना, प हुशयार नज़र आता है

ज़ोफ़ से तार तने-ज़ार[3] नज़र आता है
सर मेरा तन पे गिरांबार[4] नज़र आता है

मानीए-रंग ख़मोशी से जो दिल हो आगाह
बर्गे गुल[5] में लबे इज़हार[6] नज़र आता है

जितना बेहोश हो, उतना ही सिवा हो आराम
मस्त हाथी ही, तो बे बार[7] नज़र आता है

ख़्वाबे ग़म[8] में भी है आराम, अगर आ जाये
है वो बेचैन, जो हुशयार नज़र आता है

आँख उठाकर तो ज़रा देख कि ज़ेरे अफ़्लाक[9]
जो है सरकश[10] वो नगूँसार[11] न ज़र आता है

---

1. गाल की लाली 2. चाँद और सूरज 3. दुबले शरीर वाला 4. बोझ 5. फूल की पत्ती
6. कहने वाले होठ 7. बिना बोझ के 8. दुःख के कारण आने वाली नींद 9. आसमानों के
नीचे 10. विद्रोही 11. विनम्र।

मेरे रोने पे जो है दीदा-ए-सोज़न[1] रोता
तार इक आँसुओं का तार नज़र आता है

तेरे मजनूँ को है सामाने-जुनूँ[2] आराइश[3]
दाग़े सौदा[4] ये दस्तार[5] नज़र आता है

है ग़ज़ब सुरमे ने चमकाया तेरी आँखों को
आज फित्ना हमें बेदार नज़र आता है

ख़ंजरे-मौजे-तबस्तुम[6] से तेरे गुलशन में
देखा हर गुल को दिल अफ़्गार[7] नज़र आता है

मेरी आँखों में नज़र आता है आलमे वीराँ
दिल का वीराना जो बे यार नज़र आता है

बढ़ के जो चमका ज़माने में दिखाई दिया कम
रोज़ कब अख़्तरे दुमदार[8] नज़र आता है

जो जवाँ मर्द अलायक़[9] में फँसा है वो मुझे
शेर पिंजरे में गिरिफ़्तार नज़र आता है

---

1. सुईरूपी नेत्र 2. पागलपन का सामान 3. सजाना 4. काला धब्बा 5. पगड़ी का फूल
6. शस्त्ररूपी मुस्कराहट की लहरें 7. फटा हुआ हृदय 8. पुच्छल तारा 9. सम्बन्धों।

काटने दौड़ता है घर, जो नहीं वो घर में
हल्क़ा ए दर[1], दहने मार[2] नज़र आता है

कम नुमाई[3] से हो ऐ माहलिक़ा[4] ईद के चाँद
कि बरस में कभी इक बार नज़र आता है

चश्मे साक़ी ने ये मैख़ाना में फैलाया कुफ़्र[5]
गरदने शीशा में जुन्नार नज़र आता है

तंग जो ज़ीस्त से हैं, तख़्ता ए ताबूत[6] उन्हें
मर के इक तख़्त हवादार नज़र आता है

घर में जो रोज़ने-दीवार[7] नज़र आता है
चश्मे अफ़ई[8] मुझे बे यार नज़र आता है

दुर्रे मज़मून[9] हैं तेरे 'ज़ौक़' ज़िबस बेशबहा[10]
कम कोई इनका ख़रीदार नज़र आता है

---

1. दरवाज़े का घेरा 2. साँप का मुँह 3. कम दिखाई देने वाला 4. सुन्दरी 5. नास्तिकता
6. वह बक्सा, जिसमें मुर्दे रखे जाते हैं 7. दीवार का छेद 8. साँप की आँख 9. मोती के
समान बातें 10. अत्यधिक मूल्यवान।

जान के दिल में सदा[1] जीने का अरमाँ[2] ही रहा
दिल को भी देखा किये, ये भी परीशाँ ही रहा

कब लिबासे दुनियवी[3] में छिपते हैं रौशन ज़मीर[4]
जाम ए फ़ानूस[5] में भी शोला[6] उरियाँ[7] ही रहा

आदमीयत और शैं[8] है, इल्म[9] है कुछ और चीज़
कितना तोते को पढ़या, पर वो हैवाँ[10] ही रहा

सबको देखा उससे और उसको न देखा जूँ निगाह
वो रहा आँखों में और आँखों में पिन्हां[11] ही रहा से

दीन ओ ईमां[12] ढूँढ़ता है 'ज़ौक़' क्या इस वक़्त में
अब न कुछ दीं ही रहा बाक़ी न ईमां ही रहा

---

1. हमेशा 2. आकाँक्षा 3. सांसारिक दिखावा 4. साफ़ दिल 5. झाड़ का आवरण 6. दीये
की लौ 7. नंगा 8. वस्तु 9. ज्ञान, 10. जानवर 11. छिपा हुआ 12. धर्म और विश्वास।

ज़िक्रे मिज़गाँ[1] तेरा जिसके रू ब रू[2] निकला करे
उसके बे नश्तर[3] से जाँ[4] से लहू निकला करे

गर फ़ुग़ाँ[5] अच्छा नहीं, तो चुप भी रहना है बुरा
कुछ तो सीने का बुख़ार ऐ दिल कभी निकला करे

देखे मेरे आँसुओं की आबदारी[6] को अगर
आबे दरिया[7] से गुहर[8] बे आबरू[9] निकला करे

चश्मे मस्ते यार अगर दिखलाये तासीरे नज़र[10]
ता क़यामत[11] फिर दिले आहू[12] से हू निकला करे

ऐ सनम पैदा करे जो दिल में तेरी आरज़ू
फिर न उसके लब से हर्फ़े आरज़ू[13] निकला करे

हज़रते दिल हम तो जब जानें करामात आपकी
खा के धक्के रोज़ उस घर से अदू[14] निकला करे

ख़िदमते पीरे मुग़ाँ[15] से लो वो दारू चल के 'ज़ौक़'
नश्शए मै[16] जिससे बे जाम ओ सुबू[17] निकला करे

---

1. पलकों का वर्णन 2. आमने-सामने 3. बिना चीर-फाड़ के 4. प्राण 5. रोना 6. चमक
7. नदी का पानी 8. मोती 9. तिरस्कृत 10. दृष्टि का प्रभाव 11. प्रलय तक 12. दिलरूपी
हिरन 13. इच्छा का शब्द 14. शत्रु 15. मदिरालय का वृद्ध प्रबन्धक 16. शराब का नशा
17. बिना मटके और प्याले के।

जीते ही जी क्या मुल्के फ़ना में साथ बशर[1] के झगड़े हैं
मर के इधर से जबकि छुटे तो जा के उधर के झगड़े हैं

कैसा मोमिन[2] कैसा काफ़िर, कौन है सूफ़ी[3] कैसा रिन्द[4]
सारे बशर हैं बन्दे हक़[5] के, सारे शर[6] के झगड़े हैं

एक इक ज़ोर-ओ-सितम[7] पर उसके, सौ-सौ दाग़े दिल हैं गवाह
हम जो उससे झगड़े हैं, हक़[8] साबित करके झगड़े हैं

ग़म कहता है दिल में रहूँ मैं, जलवा ए जानाँ[9] कहता है मैं
किसको निकालूँ, किसको रखूँ, ये तो घर के झगड़े हैं

दोस्त के घर में दुश्मन हो, जब संग हमारे सीने पर
दिल का ज़िक्र रहा क्या बाक़ी, फिर तो सर के झगड़े हैं

हज़रते दिल का देखना आलम[10] हाथ उठाये दुनिया से
पाँव पसारे बैठे हैं और सर पे सफ़र के झगड़े हैं

'ज़ौक़' मुरत्तब[11] क्यों कर हो दीवाँ[12] शिकवा ए फ़ुर्सत[13] किससे करे
बांधे गले में हमने अपने-आप ज़फ़र[14] के झगड़े हैं

---

1. मनुष्य 2. आस्तिक 3. सज्जन 4. शराबी 5. ईश्वरभक्त 6. बुराई 7. कष्ट और अत्याचार
8. सच्चाई 9. प्रेमिका की आकर्षक अदाएँ 10. दशा 11. संकलित 12. ग़ज़लों का संकलन
13. अवकाश की शिकायत 14. बादशाह बहादुरशाह ज़फ़र।

जीना नज़र अपना हमें अस्ला[1] नहीं आता
गर आज भी वो रश्के मसीहा[2] नहीं आता

मज़्कूर[3] तेरी बज़्म[4] में किसका नहीं आता
पर ज़िक्र हमारा नहीं आता नहीं आता

देता दिले-मुज़्तर[5] को तेरी कुछ तो निशानी
पर ख़त भी तेरे हाथ का लिक्खा नहीं आता

क्या जाने उसे वहम है क्या मेरी तरफ़ से
जो ख़्वाब में भी रात को तनहा नहीं आता

हम रोने पे आ जायें, तो दरिया ही बहा दें
शबनम[6] की तरह से हमें रोना नहीं आता

हस्ती[7] से ज़ियादा है कुछ आराम अदम[8] में
जो जाता है याँ से, वो दुबारा नहीं आता

क़िस्मत ही से लाचार हूँ ऐ 'ज़ौक़' वगरना
सब फ़न में हूँ मैं ताक़[9], मुझे क्या नहीं आता

---

1. कदापि 2. ईसा मसीह के समान 3. चर्चा 4. सभा 5. बेचैन दिल 6. ओस 7. जीवन
8. जीवन के बाद की दुनिया 9. होशयार।

जुनूँ के ज़ेब दरी[1] पर हैं ख़ूब चलते हाथ
सलूक[2] सीने से भी कुछ तो कर मचलते हाथ

मला जो ग़ैर को इत्र उसने वाँ, तो रश्क से याँ
लकीरें मिट गयीं हाथों की मलते-मलते हाथ

न आया गौर[3] पे मेरी वो बेवफ़ा, वर्ना
गले लगाने को तुर्बत[4] से भी निकलते हाथ

जो छेड़े बर्क़ को ये तुफ़्ताजाँ[5] तो कहती है
कि देख मुझको लगाना न जलते-जलते हाथ

फ़क़ीर वज्द[6] में जब हाथ उठाए आलम[7] से
तो पहुँचे अर्श तलक कूदते-उछलते हाथ

तपे-दरुँ[8] से मेरी नब्ज़ पर तबीबों[9] के
हज़ार बार फफोलों[10] से देखे फलते[11] हाथ

कोई जो काम[12] हो पीरी में किस तरह हो 'ज़ौक़'
न अब न पाँव सँभलते, न हैं सँभलते हाथ

---

1. कपड़े फाड़ना 2. व्यवहार 3. चिंतन-मनन 4. क़ब्र 5. दिलजला 6. बेसुधी 7. संसार
8. अन्दर की आग 9. चिकित्सक 10. छाले 11. जल जाना 12. मदिरा पीने का प्याला।

जो कहवे क़दे यार[1] की तस्वीर दिखा दो
तुम लिखो अलिफ़[2] और वही तहरीर दिखा दो

देखो सरे मक़्तल[3] न कहीं छोड़ दे बिस्मिल[4]
पहले मुझे तुम यार की शमशीर दिखा दो

हालत तपिशे दिल[5] की मेरे पूछें अगर वो
तुम उनको तड़पता हुआ नख़चीर[6] दिखा दो

गर देख ले ज़ाहिद तो फिर ईमान ही लाये
तुम मुसहफ़े रुख़[7] उसकी ब तद्बीर[8] दिखा दो

गर चाहो सुरैया[9] हो निहाँ[10] परदए ए शब[11] में
झुमकों को तहे ज़ुल्फ़े[12] गिरहगीर[13] दिखा दो

उस चश्म को है नाज़ बड़ा तीरे निगह पर
ऐ हज़रते दिल आह की तासीर[14] दिखा दो

---

1. प्रेमिका की ऊँचाई 2. उर्दू का पहला अक्षर 3. जहाँ वध किया जाये 4. घायल 5. दिल की जलन 6. हृदय की फटन 7. मुख की शालीनता 8. किसी प्रकार 9. सितारों का गुच्छा 10. छिपा 11. रात के परदे में 12. बालों के नीचे 13. गंठीली 14. प्रभाव।

जो कुछ कि है दुनिया में वो इन्साँ के लिए है
आरास्ता[1] ये घर इसी मेहमाँ के लिए है

ज़ुल्फ़ें तेरी काफ़िर उन्हें दिल से मेरे क्या काम
दिल काबा[2] है और काबा मुसलमाँ के लिए है

हो क़ैद तफ़क्कुर से, कब आज़ाद, सुख़नवर
मन्ज़ून क़फ़स मुर्ग़े-ख़ुश-अलहाँ[3] के लिए है

है, बादाकशों के लिए, इक ग़ैब से ताईद
ज़ाहिद जो दुआ माँगता, बाराँ[4] के लिए है

कुछ बख़ूत से मेरे जो सिवा है, वह सियाही
बाक़ी है, जो मेरी शबे-हिज्राँ[5] के लिए है

निकले, कोई क्या क़ैद-अलाइक़ से कि ऐ 'ज़ौक़'
दर[6] ही नहीं इस ख़ाना ए ज़िन्दाँ[7] के लिए है

---

1. सज़ा हुआ 2. मुसलमानों का तीर्थस्थल 3. अच्छा गाने वाला पक्षी 4. वर्षा 5. विरह
की याद 6. दरवाज़ा 7. बन्दीगृह।

जो दिल किमारखाने[1] में बुत से लगा चुके
वो काबतेन[2] छोड़ के काबा को जा चुके

क्या ख़त मैं मुद्आ लिखूँ अपना कि मुद्दई
पहले ही उनको तेरी तरफ़ से पढ़ा चुके

आना बला[3] से उसका क़यामत[4] से कम नहीं
मरते हैं, इंतज़ार में इस रोज़ आ चुके

ज़हराब[5] भी है बादा तो है हमको नोशे जाँ[6]
साक़ी प्याला मुँह से हम अब तो लगा चुके

अच्छा किया, वफ़ा के एवज़[7] तूने की जफ़ा
बस अब, न कर सितम कि किया अपना पा चुके

याद आया याँ के आने का वादा उन्हें तो कब
जब रात को वो पाँव में मेंहदी लगा चुके

जब तक किसर है साथ से सरके है हो सो हो
हम अब तो सर पे बारे-मुहब्बत[8] उठा चुके

---

1. जुआघर 2. दो धार्मिक मन्दिर 3. कठिनाई 4. प्रलय 5. विष 6. कुछ भी पीने को तैयार
7. बदले में 8. प्रेम का बोझ।

अब ख़ाक के हैं ढेर तो क्या, इस ख़राब में
पहले तो हम भी ख़ाक बहुत-सी उड़ा चुके

बाज़ आया, देखने से, न आतिशरुख़ों[1] के दिल
सौ बार आबले उसे आँखें दिखा चुके

दिल फिर सका न याद से, बक बक से मेरे साथ
सर अपना कब के हज़रते नासेह[2] खपा चुके

तुम भूलकर भी याद नहीं करते हो सितम
हम तो तुम्हारी याद में, सब कुछ भुला चुके

देखो ख़ुदा के नाम ने रौशन किया निशाँ
दुश्मन हमारे नाम को क्या-क्या मिटा चुके

बनकारों आज ख़ूब चलो मैं कदे में 'ज़ौक़'
छोड़ो कहीं वज़ीफ़े[3] बहुत बड़बड़ा चुके

---

1. आग-जैसे लाल मुँह वाले 2. उपदेशक 3. मन्त्र।

तद्बीर[1] न कर फ़ायदा तद्बीर में क्या है
कुछ ये भी ख़बर है, तेरी तक़्दीर में क्या है

ऐ अह्ले नज़र[2] आलमे तस्वीर[3] को देखो
तस्वीर का क्या देखना, तस्वीर में क्या है

हे सैदे निगह[4] कहता क़ज़ा[5] से ये तड़पकर
इस तीर में क्या लुत्फ़ है, उस तीर में क्या है

ये गुंचा ए तस्वीर, खिला है, न खिलेगा
क्या जाने दिले आशिक़े-दिलगीर[6] में क्या है

ख़ंजर है तेरे हाथ में और हम तहे-ख़ंजर[7]
ताख़ीर[8] हो क्यों फ़ायदा ताख़ीर में क्या है

उतरा था गले से कि जिगर हो गया ठण्डा
क्या जाने उस आब दमे-शमशीर[9] में क्या है

'ज़ौक़' उस लबे शीरीं[10] का जो तू वस्फ़[11] है कहता
क्या कहिने हलावत[12] तेरी तक़रीर[13] में क्या है

---

1. कोशिश 2. बुद्धिमान 3. चित्रमय संसार 4. निगाह का शिकार 5. मृत्यु 6. दिल जीत लेने वाला प्रेमी 7. कटार के नीचे 8. देर 9. तेज़ धार वाली तलवार 10. मीठे होठ 11. गुण 12. मिठास 13. भाषण

तीर उस निगह का गर दिले-मुज़्तर[1] में घर करे
नासूरे इश्क़[2] ज़ख़्म के फिर घर में घर करे

कीड़ा ज़रा-सा और वो पत्थर में घर करे
इंसां वो क्या न जो दिले-दिलबर[3] में घर करे

चश्मे सियह[4] तुम्हारी नज़र भर के देखे जब
लाला[5] में दाग़ दे गुले अह्मर[6] में घर करे

यूँ मेरे दिल में चुभती है दन्दाँ की उसके ताब[7]
हीरे की जूँ कनी कोई गौहर[8] में घर करे

दिखलाए जोशे गिरिया[9] अगर मेरी चश्मे तर
मर्दुम के गर्क़[10] सैकड़ों पल-भर में घर करे

यूँ रंगे रुख़[11] पे उसके जमा है मेरा ख़याल
जूँ अंकबूत रंगे बर्गे गुले तर में घर करे

दुज़्दे निगह[12] तो आँखों में घर कर रहे हैं 'ज़ौक़'
दिल जिसका गुम हुआ, कहो किस घर में घर करे

---

1. बेचैन दिल 2. प्रेम का घाव 3. प्रेमिका का दिल 4. काली आँख 5. लाल रंग का फूल
6. लाल रंग का एक फूल 7. चमक 8. मोती 9. रोना 10. डुबोना 11. मुख की चमक
12. नख़रों का मारा हुआ।

तुझको कुछ याद भी हैं पहली वो हसरत के मज़े
बे मज़ा होने के लुत्फ़[1] और शिकायत के मज़े

बे मुहब्बत नहीं ऐ 'ज़ौक़' शिकायत के मज़े
बे शिकायत नहीं ऐ 'ज़ौक़' मुहब्बत के मज़े

देखकर उसको गया आलमे-हैरत[2] में, तो मैं
लेक मैं क्या कहूँ उस आलमे हैरत के मज़े

जाने शीरीं भी गयी और न मिली शीरीं भी
पूछो फ़रहाद से इस तल्ख़ि-ए-हसरत[3] के मज़े

कुछ जताऊँ जो मुहब्बत, तो कहे हैं कि तुझे
देख तो कैसे चखाता हूँ मुहब्बत के मज़े

दिल को क्या चोट लगा दी है तेरे ख़ंजर ने
चाटता होंट है ले-ले के जराहत[4] के मज़े

फिर फटा ज़ख़्म का अंगूर मुबारक[5] ऐ 'ज़ौक़'
दिले ज़ख़्मी को तेरे बादा-ए-इशर के मज़े

---

1. आनन्द 2. आश्चर्य का संसार 3. अभिलाषा की कड़वाहट 4. शल्य चिकित्सा 5. बधाई
6. इच्छाओं की मदिरा।

तू कहे गुंचा[1] कि उस लब पे धड़ी ख़ूब नहीं
चुप कि मुँह छोटा-सा और बात बड़ी ख़ूब नहीं

सामने से मेरे टलता नहीं नासेह[2] जब तक
मग़्ज़ खाता मेरा दो-चार घड़ी ख़ूब नहीं

फ़ित्ना[4] सरकश[5] है जभी तक कि तेरी आँखों ने
दस्ते-मिज़गाँ[6] से कोई धौल जड़ी ख़ूब नहीं

मुँह चढ़े तेग़[7] ग़मे इश्क़ के क्या मुँह है तेरा
बुलहवस[8] तुझ पे कोई ज़र्ब पड़ी ख़ूब नहीं

ख़ूबरूयों[9] से बहुत आँख लड़ी पर अफ़सोस
क़िस्मत ऐ 'ज़ौक़' कहीं अपनी लड़ी ख़ूब नहीं

---

1. कली 2. उपदेशक 3. दिमाग़ 4. फ़साद 5. क्रूर 6. पलकों के हाथ 7. मुँह लगी तलवार
8. लालची 9. सुन्दरियाँ।

तेरे कूचा को वो बीमारे ग़म दारुशिशफ़ा[1] समझे
अजल[2] को जो तबीब और मर्ग[3] को अपनी दवा समझे

निगह क्या और मिज़ा[4] क्या, हम तो दोनों को बला समझे
उसे तीरे क़ज़ा[5] इसको परे तीरे क़ज़ा समझे

ग़लतफ़हमी हमारी थी, जो उनको आश्ना समझे
हम उनको देखो क्या समझे थे और वो हमको क्या समझे

वही कुछ तल्ख़काम[6] इस ज़िन्दगानी का मज़ा समझे
कि जो ज़हराब तेग़े यार[7] को आबे बक़ा[8] समझे

सितम को हम करम[9] समझे, जफ़ा[10] को हम वफ़ा समझे
और इस पर भी न वो समझे, तो उस बुत से ख़ुदा समझे

बुराई में हमारी वो अगर अपना भला समझे
बुरा समझे, बुरा समझे, बुरा समझे, बुरा समझे

तुझे ऐ संगदिल[11] आरामे-जाने-मुब्तिला[12] समझे
पड़े पत्थर समझ पर अपनी, हम समझे तो क्या समझे

---

1. चिकित्सालय 2. मौत 3. मौत 4. भौं 5. मौत का तीर 6. मौत के तीर के पीछे पंख-जैसा बना हुआ 7. मित्र 8. अमृत 9. कृपा 10. बेवफ़ाई 11. कठोर हृदय 12. मुसीबत में फँसी हुई जान।

जो कुछ दिल पर गुज़रती है, सुनायेंगे हम उस बुत को
ख़ुदा जाने कहें क्या हम, वो अपने दिल में क्या समझे

कहो बुलबुल से चलता कारवाँ है नक़्हते-गुल[1] का
चमन बादे सबा[2] समझे कि आवाज़े दरा[3] समझे

निगाहे लुत्फ़[4] उनकी जब न बाज़ आयी ताग़ाफ़ुल[5] से
हम उसकी नारसाई अपना बख़्ते नारसा समझे

हिसाब अस्ला[6] न पूछे मुझसे मेरे दिल के ज़ख़्मों का
हिसाबे दोस्ताँ दर दिल अगर वो दिलरुबा[7] समझे

हिकायत[8] दिल की कहता हूँ, समझते हो शिकायत है
तुम्हीं समझो ज़रा दिल में कि समझे भी तो क्या समझे

न आया ख़ाक भी रस्ता समझ में उम्रे रफ़्ता का
अगर समझे तो दाग़े मासियत[9] को नक़्शे पा[10] समझे

ख़बर सुनते ही क़ासिद[11] से हुए हम बेख़बर बिलकुल
तेरे पैग़ाम को गोया कि पैग़ामे क़ज़ा[12] समझे

---

1. फूल की सुगन्ध 2. प्रातःकाल की हवा 3. क़ाफ़िले के जाने की आवाज़ 4. कृपादृष्टि
5. लापरवाही 6. न पहुँचना 7. प्रेमिका 8. कहानी 9. गुनाह का चिह्न 10. पदचिह्न
11. पत्रवाहक 12. मौत का सन्देश।

दरिया ऐ अश्क[1] चश्म से जिस आन[2] बह गया
सुन लीजियो कि अर्श का ऐवान[3] बह गया

ज़ाहिद शराब पीने से काफ़िर हुआ मैं क्यों
क्या डेढ़ चुल्लू पानी में ईमान बह गया

है मौजे बहरे इश्क़[4] वो तूफ़ाँ कि अल हफ़ीज़[5]
बेचारा मुश्ते ख़ाक[6] था इंसान बह गया

दरिया ए अश्क से दमे तहरीरे[7] हाले दिल
कश्ती की तरह मेरा क़लमदान बह गया

था 'ज़ौक़' पहले देहली में पंजाब का-सा हुस्न
पर अब वो पानी कहते हैं मुल्तान बह गया

---

1. आँसुओं का समुद्र 2. क्षण 3. महल 4. प्रेम-सागर की लहर 5. हे परमात्मा 6. मुट्ठी-भर मिट्टी 7. अन्तिम लेख, वसीयत।

दिल की मआश[1] ग़म, उसे ग़म की तलाश है
डरता हूँ दिल से मैं, कि बड़ा बदमआश है

करते ये अश्क ओ आह हैं, तक़्लीफ़ क्यों अबस[2]
हो जाता राज़े दिल तो निगाहों में फ़ाश[3] है

क्या ख़ूब शगले इश्क़ में अपनी बसर हुई
हसरत न दिल में, लब पे न हसरत से काश है

मस्कनपज़ीर[4] आज से दिल में नहीं है ग़म
रोज़े अज़ल[5] से इसकी यही बूद ओ बाश[6] है

दुनिया से भी उठे, तो न बिस्तर से उठ सके
तेरा मरीज़े इश्क़ जो साहबे-फ़राश[7] है

ऐ 'ज़ौक़' जानता है वो हमदर्द मेरा दर्द
दिल जिसका पारा-पारा, जिगर पाश-पाश[8] है

---

1. जीविका 2. बेकार 3. प्रकट होना 4. घर के निवासी 5. अनादिकाल 6. रहन-सहन
7. बिस्तर से लग गया मरीज़ 8. टुकड़े-टुकड़े।

जो धनी हैं तो तवनगर[1] थे, तो क्या पत्थर थे
अब तो कंकर हैं, जो गौहर[2] थे, तो क्या पत्थर थे

मर के भी छाती पे पत्थर रहा क्या ख़ाक हो ख़ुश
खाते गलियों में जो पत्थर थे, तो क्या पत्थर थे

ताजशाही में जगह पायी, तो क्या हाथ आया
और धरे गर तेरे दर पर थे, तो क्या पत्थर थे

बुत कदे ही में नहीं शेख बुताने दिल संग[3]
और तेरे काबा के अन्दर थे, तो क्या पत्थर थे

कितना रोया मैं वले कुछ न पीसजे ख़ूबाँ
संगदिल गर न सितमगर थे, तो क्या पत्थर थे

साक़िया[4] दी है यूँ ही संग हवादिस ने शिकस्त
गो बिल्लौरें[5] तेरे साग़र[6] थे, तो क्या पत्थर थे

संगदिल हैंगे ऐ 'ज़ौक़' सदा[7] हक़ में मेरे
ग़ैर के हक़ में जो गौहर थे, तो क्या पत्थर थे

---

1. अमीर 2. मोती 3. पत्थर दिल वाले 4. मदिरा पिलाने वाला 5. एक मूल्यवान् पत्थर
6. प्याला 7. हमेशा।

दिल को क्या देखेगा तू चीर के, क्या है इसमें
अब तो क़तरा भी नहीं ख़ूँ का रहा है इसमें

इश्क़ की तल्ख़-ए-हसरत[1] के जो ले ले मज़े
बे मज़ा रहते हैं हम, कुछ तो मज़ा है इसमें

तू नगीं[2] तोड़ न दिल का कि बड़ी काविश[3] से
इस्म[4] को मैंने तेरे कुन्दा[5] किया है इसमें

कभी करता हूँ फ़ुग़ाँ[6] और कभी ज़ब्ते[7] फ़ुग़ाँ
नहीं मालूम वो ख़ुश उसमें है या है इसमें

ख़िज़्र साक़ी हो, तो मैं जाम न लूँ गर जानूँ
कि नहीं जाम में मैं, आबे बक़ा[8] है इसमें

दे चुके इश्क़ में जाँ वामिक़ ओ क़ेस ओ फ़रहाद[9]
और अभी देखिये किस किस की क़ज़ा[10] है इसमें

उस जफ़ा केश[11] के नामें[12] को कहूँ क्या क़ासिद[13]
जो कि क़िस्मत का लिखा था, वो लिखा है इसमें

---

1. आकाँक्षा की कड़वाहट 2. नगीना 3. प्रयत्न 4. नाम 5. खोदकर लिखना 6. रोना-चीखना
7. सब्र 8. अमृत 9. ऐतिहासिक प्रेमियों के नाम 10. मृत्यु 11. दुःख देने वाला 12. पत्र
13. पत्रवाहक।

दिन कटा जाए, अब रात किधर काटने को
जब से वो पास नहीं, दौड़े है घर काटने को

अपने आशिक़ को न खिलवाओ कनी[1] हीरे की
उसके आँसू ही ये काफ़ी[2] हैं जिगर काटने को

दाँत अंजुम[3] हैं निकाले हुए मुझ पर तुझ बिन
मुँह फ़लक खोले है ऐ रश्के क़मर[4] काटने को

वो शजर[5] हूँ न गुलो-बार[6] न साया मुझमें
बाग़बाँ ने है लगा रक्खा, मगर काटने को

सर ओ गरदन जिगर ओ दिल हैं ये चारों हाज़िर
दिल तेरा चाहे है चौरंग[7] अगर काटने को

हाए सय्याद तो आया मेरे पर काटने को
मैं तो ख़ुश था कि छुरी लाया है सर काटने को

शाम ही से दिले बेताब[8] का है 'ज़ौक़' ये हाल
है अभी रात पड़ी चार पहर काटने को

---

1. कण 2. पर्याप्त 3. सितारे 4. चाँद को भी लज्जित करने वाला 5. वृक्ष 6. फूल-पौधे
7. चार प्रकार के 8. दुखी मन।

नब्ज़े[1] नमली[2] है कहाँ मेरी फ़लातूँ[3] चलती
है ये ज़ोफ़[4] अब तो कि च्यूंटी भी नहीं यूँ चलती

खोल दे आँखें दमे ज़िब्ह न देखूँगा तुझे
पर छुरी अपनी तो गरदन पे मैं देखूँ चलती

जब मैं दुनिया से चला, सर पे ये बोली हसरत[5]
तू अकेला नहीं, हम रह तेरे मैं हूँ चलती

दूर कर बालों को सर पर से, कहे है लैला
पर नहीं कान पे मजनूँ के ज़रा जूँ[6] चलती

मैं तो इन आँखों की गर्दिश[7] का बला गरदाँ[8] हूँ
कि नहीं तेरी भी वाँ गर्दिशे-गरदूँ[9] चलती

उम्र तै करती है हरदम सफ़रे बहरे फ़ना[10]
जिसको तू साँस कहे है दिले महजूँ[11] चलती

'ज़ौक़' गुल और कोई ताज़ा खिला चाहता है
कि हवा बाग़े जहाँ में है दिगरगूँ[12] चलती

---

1. नाड़ी 2. तेज़ 3. एक दार्शनिक का नाम अफ़लातून 4. कमज़ोरी 5. अपूर्ण अभिलाषा
6. एक कीड़ा, जुआँ 7. मुसीबत 8. मुसीबत का मारा 9. आकाशीय चक्र 10. मृत्यु का
समुद्र 11. दुखी दिल 12. अस्त-व्यस्त।

नम[1] भी नहीं जिगर पे रही इस क़दर रहे
सरगर्म[2] सोज़े इश्क़[3] की मेहमानियों में हम

मतलब से अपने कौन है आगाह[4] जुज़[5] ख़ुदा
जो ख़त्ते सर नविश्त[6] हैं पेशानियों[7] में हम

हैं आईने में सूरते-तस्वीर[8] आईना
आईना रू[9] के सामने हैरानियों में हम

क्या जाने हम ज़माने को हादिस[10] है या क़दीम[11]
कुछ हो बला से अपनी कि हैं फ़ानियों[12] में हम

क्यों जी के हिज्र में हुए शर्मिन्दा यार से
अब मर रहे हैं उसकी पशेमानियों[13] में हम

जा सकते ज़ोफ़[14] से नहीं चेचा में उसके 'ज़ौक़'
बह जायें काश गिरिये की तुग़्यानियों[15] में हम

---

1. तरी 2. व्यस्त 3. प्रेम की जलन 4. परिचित 5. सिवा 6. आत्मकथा की लिखावट 7. माथा 8. चित्र की भाँति 9. चमकते चेहरे वाला, 10. नया 11. पुराना 12. मिट जाने वाले 13. पश्चात्ताप 14. कमज़ोरी 15. गली।

निगह का वार[1] था दिल पर, फड़कने जान लगी
चली थी बरछी किसी पर, किसी के आन लगी

तेरा जुबाँ से मिलाना जुबाँ जो याद आया
न हाय-हाय में तालू से फिर ज़ुबान लगी

किसी के दिल का सुनो हाल, दिल लगाकर तुम
जो होवे दिल को तुम्हारे भी मेहरबान[2] लगी

तू वो है माह जबीं[3] मिले दीदए अन्जुम
रहे है तेरी तरफ़ चश्म यक जहान[4] लगी

उड़ायी हिर्स[5] ने नौए बशर में सबकी ख़ाक
नहीं है किसको हवा ज़ेरे-आसमान[6] लगी

किसी की काविशे-मिज़गाँ[7] से आज सारी रात
नहीं पलक पे पलक मेरी एक आन[8] लगी

तबाह[9] बहरे जहाँ[10] में थी अपनी कशित-ए-उम्र[11]
सो टूट-फूट के बारे[12] किनारे आन लगी

___

1. चोट 2. मित्र 3. मस्तकरूपी पूर्ण चन्द्रमा 4. सारा संसार 5. लालच 6. आसमान के नीचे
7. पलकों द्वारा प्रयत्न करना 8. क्षण 9. बरबाद 10. संसाररूपी समुद्र 11. जीवन-नौका
12. अन्त में।

फ़लक तो टेढ़ ही की सुबह से ता-शाम चलता है
मगर तिरछी नज़र से तेरी अपना काम चलता है

भरे जाऊँगा दम सैयाद[1] में गुलशन के चलने का
ये दम सीने में जब तक मेरे ज़ेरे[2] दाम[3] चलता है

हमेशा दौरे इशरत[4] है जो तुम हो अह्ले कैफ़ियत[5]
कि मेहरो-माह[6] से दिन-रात याँ एक जाम चलता है

चला पहलू से जब ऐ ज़ौक़ वह आरामे जान ओ दिल में
कहा आराम ने मुझसे कि लो आराम चलता है

तेरा तीरे निगह पैके-क़ज़ा[7] से कम नहीं क़ातिल
जिधर चलता है, बनकर मौत का पैग़ाम चलता है

करे नाक़िस[8] इरादा गर उलूवेजाहे कामिल[9] का
तो ये जानो कि नाबीना[10] किनारे बाम[11] चलता है

ख़िरद[12] ने राज़े आलम[13] कुछ न पाया 'ज़ौक़' अगर पाया
कि बे आग़ाज़[14] आया और बे अंजाम चलता है

---

1. शिकारी 2. साँस का चलना 3. जाल 4. सुख के दिन 5. नशा करने वाले 6. चाँद और सूरज 7. मौत का तीर 8. तुच्छ 9. पूर्ण महानता प्राप्त करना 10. अन्धा व्यक्ति 11. छत के किनारे 12. बुद्धि 13. संसार का भेद 14. प्रारम्भ।

बजा कहे जिसे आलम, उसे बजा समझो
ज़बाने ख़ल्क़ को नक़्क़ारा ए ख़ुदा समझो

हँसे जो वो मेरे, रोने पर तो सफ़े-मिज़गाँ[1]
न समझो, तुम उसे दीवारे-क़हक़हा[2] समझो

तुम्हारी राह में मिलते हैं ख़ाक में लाखों
इस आरज़ू में कि तुम अपना ख़ाके-पा[3] समझो

दुआएँ देते हैं हम दिल से तेग़े-क़ातिल[4] को
लबे जराहते दिल[5] को लबे दुआ समझो

तुम्हें है जाम से क्या काम मिस्ले आईना
जो रू ब रू हो उसे सूरत आश्ना समझो

नहीं है कम ज़रे-ख़ालिस[6] से ज़र्दि ए रुख़्सार
तुम अपने इश्क़ को ऐ 'ज़ौक़' कीमिया समझो

---

1. भवों की पंक्तियाँ 2. एक दीवार, जिस पर चढ़कर आदमी हँसने लगता है 3. पाँव की धूल 4. क़त्ल करने वाले की तलवार 5. घायल होठ वाला प्रेमी 6. असली सोना।

बज़्म में ज़िक्र मेरा लब पे वो लाये, तो सही
वहीं मालूम करूँ, होंट हिलाये, तो सही

संग पर संग हर एक कूचे में खाये, तो सही
पर बला से तेरे दीवाने कहाये, तो सही

गर जनाज़े पे नहीं, क़ब्र पे आये वो मेरी
शिकवा क्या कीजे, ग़नीमत है वो आये, तो सही

क्योंकि दीवार पे चढ़ जाऊँ, कोई कहता है
पाँव काटूँगा, अँगूठा वो जमाये, तो सही

पारा ए मुस्हिफ़े दिल[1] थे तेरे कूचे में पड़े
आते पाँवों के तले शुक्र[2] कि पाये, तो सही

साफ़ बेपरदा नहीं होता वो गुफ़्ऱा[3] में न हो
रोज़ने दर[4] से कभी आँख लड़ाये, तो सही

थे तुम्हीं निकले जो उस दामे बला[5] से ऐ 'ज़ौक़'
वर्ना थे पेच[6] में उस ज़ुल्फ़ के आये, तो सही

---

1. दिलरूपी पुस्तक के टुकड़े 2. धन्यवाद 3. खिड़की 4. दरवाज़े की खिड़की 5. मुसीबत का जाल 6. चक्कर।

बर्क़[1] मेरा आशियाँ कब का जलाकर ले गयी
कुछ जो ख़ाकस्तर[2] बचा, आँधी उड़ाकर ले गयी

उसके क़दमों तक न बेताबी[3] बढ़ाकर ले गयी
हाय! दो पलटे दिये और फिर हटाकर ले गयी

नातवानी[4] हमको हाथों-हाथ उठाकर ले गयी
च्यूंटी से च्यूंटी दाना छुड़ाकर ले गयी

सुब्हे रुख़[5] से कौन शामे ज़ुल्फ़[6] में जाता था, आह
ऐ दिले शामतज़दा[7] शामत लगाकर ले गयी

तुमने तो छोड़ा ही था ऐ हमरहाने[8] क़ाफ़िला[9]
लेकिन आवाज़े जरस[10] हमको जगाकर ले गयी

देखी कुछ दिल की कशिश लैला कि नाक़े[11] को तेरे
सू ए मजनूँ[12] आख़िरश[13] रस्ता भुलाकर ले गयी

जो शहीदे नाज़[14] कूचे में तुम्हारे था पड़ा
क्या कहूँ तक़्दीर उसे क्योंकर उठाकर ले गयी

---

1 बिजली 2. मिट्टी 3. बेचैनी 4. कमज़ोरी 5. प्रातःकाल की भाँति 6. सायंकाल की भाँति बाल 7. मुसीबत का मारा 8. साथ चलने वाले 9. कारवाँ 10 घण्टे की आवाज़ 11. लैला की सवारी, ऊँटनी 12 मजनूँ की ओर 13. अन्त में 14. प्रेमिका के मारे हुए।

बलाएँ आँखों से उनकी मुदाम[1] लेते हैं
हम अपने हाथों का मिज़गाँ से काम लेते हैं

हम उनकी ज़ुल्फ़ से सौदा जो दाम लेते हैं
तो अस्त ओ सूद वो सब दाम-दाम लेते हैं

शबे विसाल[2] के रोज़े फ़िराक़ में क्या-क्या
नसीब[3] मुझसे मेरे इन्तिक़ाम[4] लेते हैं

तेरे असीर[5] जो सैयाद करते हैं फ़रियाद
तो फिर वो दम ही नहीं ज़ेरे दाम[6] लेते हैं

हम उनके ज़ोर के क़ाइल[7] हैं, हैं वही शहज़ोर
जो इश्क़ में दिले मुज़्तर[8] को थाम लेते हैं

क़तीले-नाज़[9] बताते नहीं तुझे क़ातिल
जब उनसे पूछो, अजल[10] ही का नाम लेते हैं

हमारे हाथ से ऐ 'ज़ौक़' वक़्ते मैनोशी[11]
हज़ार नाज़ से वो एक जाम लेते हैं

---

1. सदा 2. मिलन की रात 3. भाग्य 4. बदला 5. बन्दी 6. जाल में 7. मानना 8. व्यथित दिल 9. प्रेमिका से क़त्ल हुए 10. मौत 11. शराब पीते समय।

बाग़े आलम[1] में जहाँ नख़्ले हिना[2] लगता है
दिले पुर ख़ूँ[3] का वहाँ हाथ पता लगता है

क्या तड़पना दिले बिस्मिल[4] का भला लगता है
कि जब उछले हे, तेरे सीने से जा लगता है

दिल कहाँ सैरे तमाशा पे मेरा लगता है
दिल के लग जाने से जीना भी बुरा लगता है

जो हवादिस[5] से ज़माने के गिरा फिर न उठा
नख़्ल आँधी का कहीं उखड़ा हुआ लगता है

न शबे हिज्र[6] में लगती है ज़बाँ तालू से
और न पहलू मेरा बिस्तर से ज़रा लगता है

हाय! मुहताज हुआ मरहमे ज़ंगार[7] का तू
ज़ख़्मे दिल ज़हर मुझे हँसना तेरा लगता है

क़दे मजनूँ[8] कोई पहले से छड़ी है बेद की
जब ज़रा झुकता है, सर पाँव से जा लगता है

---

1. संसाररूपी बाग़ीचा 2. मेहंदी की झाड़ी 3. दिल के रक्त से लथपथ प्रेमिका 4. घायल हृदय 5. दुर्घटनाएँ 6. विरह की रात 7. जंग का मरहम 8. मजनूँ की ऊँचाई।

बे यार रोज़े ईद[1] शबे ग़म से कम नहीं
जामे शराब दीदा ए पुरनम[2] से कम नहीं

देता है दौरे चख़ँ[3] किसे फ़ुर्सते निशात[4]
है जिसके पास जाम वो अब जम से कम नहीं

ज़ेबा[5] है रू ए ज़र्द[6] पे क्या अश्के-लालागूँ[7]
अपनी ख़िज़ाँ[8] बहार के मौसम[9] से कम नहीं

उस हूरवश[10] का घर मुझे जन्नत से है सिवा
लेकिन रक़ीब हो, तो जहन्नुम से कम नहीं

ऐ 'ज़ौक़' किसको चश्मे हिकारत[11] से देखिये
सब हमसे हैं ज़्यादा कोई हमसे कम नहीं

1. ईद का दिन 2. आँसू भरी आँख 3. आसमान का चक्कर 4. प्रसन्नता के क्षण 5. अच्छा लगना 6. पीला चेहरा 7. लाल रंग के आँसू 8. पतझड़ 9. वसन्त 10. सुन्दरी 11. घृणा की दृष्टि से।

मज़ा था, हमको तो बुलबुल से दू ब दू[1] करते
कि गुल तुम्हारी आरज़ू में दू ब दू करते

समझ ये दार ओ रसन[2] तार ओ सोज़न[3] ऐ मंसूर[4]
कि चाके[5] परदा हक़ीक़त[6] का हैं रफ़ू[7] करते

चमन भी देखते गुलज़ार आरज़ू[8] की बहार
तुम्हारी बादे बहारी[9] में आरज़ू करते

अजब न था कि ज़माने[10] के इन्क़िलाब[11] से हम
तयम्मुम[12] आब से और ख़ाक से वज़ू करते

सुराग़[13] उम्रे गुज़श्ता का कीजिये गर शौक़
तमाम उम्र गुज़र जाये जुस्तजू[14] करते

---

1. आमने-सामने 2. फाँसी का फन्दा 3. डोरा और सुई 4. एक पैग़म्बर का नाम 5. फाड़ना
6. वास्तविकता 7. सीना 8. इच्छा 9. वसन्त ऋतु की हवा 10. समय 11. क्रांति 12. मिट्टी
से हाथ-पाँव साफ़ करना 13. पता 14. खोज।

मज़े ये दिल के लिए थे न थे ज़ुबाँ के लिए
सो हमने दिल में मज़े सोज़िशे-निहाँ[1] के लिए

हज़ार लुत्फ़ हैं जौहर[2] सितम में जाँ के लिए
सितम शरीक[3] हुआ कौन आसमाँ के लिए

सबा जो आए ख़स ओ ख़ार[4] गुलिस्ताँ के लिए
कफ़स में क्योंकि न फड़के दिल आशियाँ के लिए

दमे-उरूज[5] है क्या फ़िक्रे नर्दबाँ[6] के लिए
कमन्दे आह[9] तो है बामे[8] आसमाँ के लिए

सदा तपिश[9] पे तपिश है दिले तपाँ[10] के लिए
हमेशा ग़म पे है ग़म जाने नातवाँ[11] के लिए

न छोड़ तू किसी आलम में रास्ती[12] कि ये शै
असा[13] है पीर[14] को और सैफ़[15] है जवाँ के लिए

निगाहे नाज़ ने की देर वर्ना मैं तैयार
हूँ कब से बैठा हुआ मर्गे-नागहाँ[16] के लिए

---

1. छिपी हुई जलन 2. गुण 3. भाग लेना 4. घास और काँटे 5. उन्नति के समय 6. सीढ़ी
7. हाय 8. छत 9. गरमी 10. तपता हुआ दिल, 11. कमज़ोर, 12. सच्चाई 13. लाठी
14. वृद्ध 15. तलवार 16. अचानक मृत्यु।

इलाही[1] कान में क्या इस सनम ने फूँक दिया
कि हाथ धरते हैं कानों पे सब अज़ाँ[2] के लिए

मेरी तो गोर[3] पे जाम ओ सुबू[4] की हो तस्वीर
कि यादगार ज़माना रहे निशाँ के लिए

निगाहे नाज़ ने देखे थे जौहर[5] आज अपने
दिल अपना हमको भी याद आये इस्तिहाँ के लिए

तुम्हारी नर्गिसे बीमार ने जो की थी निगाह
वही जवाब हुआ ताक़त ओ तवाँ[6] के लिए

मिज़ाज उनका न बिजली है और न है सीमाब[7]
ख़त जो है, तो यही है मिज़ाज दाँ के लिए

उड़ा के आह का शोला कभी बनायेंगे हम
शबे फ़िराक़[8] में ख़ुरशीद[9] आसमाँ के लिए

वबाले दोश[10] है इस नातवाँ[11] को सर, लेकिन
लगा रखा है तेरे ख़ंजर ओ सनाँ[12] के लिए

---

1. ईश्वर 2. अज्ञान 3. क़ब्र 4. शराब और प्याला 5. गुण 6. शक्ति 7. पारा 8. विरह की
रात 9. सूर्य, 10. कन्धे का बोझ 11. कमज़ोर 12. कटार और हथियार।

मज़े इश्क़[1] जिसे हो, उसे क्या याद रहे
न दवा याद रहे और न दुआ याद रहे

देख भी लेना हमें राह में और क्यों साहब
हमसे मुँह फेर के जाना ये भला याद रहे

कुश्ता ए नाज़[2] की गरदन पे छुरी फेरो जब
काश उस वक़्त तुम्हें नामे ख़ुदा याद रहे

गौर[3] तक आये तो छाती पे क़दम भी रख दो
कोई बेदिल इधर आये, तो पता याद रहे

बाज़ आ जायें जफ़ा[4] से जो कभी आप, तो फिर
याद आशिक़ को न कीजैगा, भला याद रहे

गर हक़ीक़त[5] में है रहना, तो न रख ख़ुदबीनी[6]
भूले बन्दा जो ख़ुदी[7] को, तो ख़ुदा याद रहे

आलमे हुस्न[8] ख़ुदाई[9] है बुतों की ऐ 'ज़ौक़'
चल के बुतख़ाने[10] में बैठो कि ख़ुदा याद रहे

---

1. प्रेमरोग 2. प्रेमिका के मारे हुए 3. क़ब्र 4. बेवफ़ाई 5. सच्चाई 6. स्वयं को देखना
7. अहं भाव 8. सौन्दर्य 9. दैविक 10. मन्दिर।

मारकर तीर जो वो दिलबरे जानी[1] माँगे
कह दो हमसे न कोई दे के निशानी माँगे

ऐ सनम! देख के हरदम की तेरी कम-सुख़नी[2]
मौत घबरा के न क्यों ये ख़फ़क़ानी[3] माँगे

ख़ाक से तिशना ए दीदार[4] के सब्ज़ा[5] जो उठे
तो ज़ुबाँ अपनी निकाले हुए पानी माँगे

मारे पेचाँ[6] तो बला[7] हैगा, मगर तू ऐ ज़ुल्फ़
है वो काफ़िर[8] कि न काटा तेरा पानी माँगे

दिल मेरा बोसा ब पैग़ाम[9] नहीं है हमदम
यार लेता है, तो ले, अपनी ज़ुबानी माँगे

जल्वा[10] उस आलमे मानी[11] का जो देखे ऐ 'ज़ौक़'
लुत्फ़ अल्फ़ाज़[12] न बे हुस्ने मआनी[13] माँगे

---

1. दिल छीन लेने वाली प्रेमिका 2. कम बोलना 3. धड़कने वाला दिल 4. मिलन के प्यासे
5. हरियाली 6. चक्करदार साँप 7. मुसीबत 8. शत्रु 9. चुम्बन का सन्देश भेजने वाला
10. ज्योति 11. आध्यात्मिक संसार 12. शब्द 13. अर्थ।

मिज़गाँ[1] से तेरी लाग है दिल पर लगी हुई
इक फाँस है कलेजे के अन्दर लगी हुई

चाटे बग़ैर ख़ून कोई रुकती है तेग़
बेढब है इसको चोटे-सितमगर[2] लगी हुई

बैठे भरे हुए हैं ख़ुमे मै[3] की तरह
पर क्या करें कि मुहर है मुँह पर लगी हुई

मैयत[4] को ग़ुस्ल[5] दीजो न इस ख़ाकसार की
है तन पे ख़ाक कूच ए दिलबर[6] लगी हुई

मेरा गुले उम्मीद शगुफ़्ता हो किस तरह
दिल की गिरह है उसकी गिरह पर लगी हुई

मुँह से लगा हुआ है अगर जामे मै[7] तो क्या
दिल से है यादे साक़ि ए कौसर[8] लगी हुई

ऐ 'ज़ौक़' इतना दुख़्तरे रज़[9] को न मुँह लगा
छुटती नहीं है मुँह से काफ़िर लगी हुई

---

1. पलकें 2. अत्याचारी 3. मदिरापात्र 4. शव 5. स्नान 6. प्रेमिका की गली 7. शराब का प्याला 8. दूध की नहर 9. शराब।

हों हम वह एक जा, सो कहाँ हाये-जाये[1] है
अलबत्तो[2] आदमी तो कभी आये-जाये है

जो उस गली में मिले सबा[3] आये-जाये है
फ़िरदौश[4] में कब उसको तमन्ना ए जाये[5] है

कहते हैं लोग मौत तो सब जाये-जाये है
पर मेरे पास उसे भी कोई खाये जाये है

लिखवा के भेज देवे है पर्चा वो गाह-गाह[6]
दिल को ज़रा हमारे वह पर्चाये जाये है

क्या हाले जिस्म ज़ार[7] कहूँ सोज़े इश्क़[8] से
इक बाल है कि आग पे बल खाये जाये है

सौ कोस क्या न जा सके मजनूँ तो दो क़दम
पर शौक़े मुद्दआ[9] है कि दौड़ाये जाये है

जब तक कि जान तन से निकल जायेगी न 'ज़ौक़'
दिल में जो दर्द है, सो कोई वाये-गये[10] है

---

1. स्थान-स्थान पर 2. निःसन्देह 3. प्रातःकाल की हवा की भाँति 4. स्वर्ग 5. जगह की इच्छा 6. समय-समय पर 7. बुरी हालत में शरीर 8. प्यार का चुमन 9. उद्देश्य प्रकट करने की इच्छा 10. वहाँ जाने का अवसर।

मैं हूँ वो ख़िश्ते कुहन[1] मुद्दत से इस वीराने[2] में
बरसों मस्जिद में रहा, बरसों रहा बुतख़ाने[3] में

मैं वो कैफ़ी[4] हूँ कि पानी हो तो बन जाये शराब
जोशे कैफ़ीयत[5] से मेरी ख़ाक के पैमाने[6] में

होश का दावा है बेहोशों को ज़ेरे आसमाँ
ख़ुमनशी[7] मिस्ले फ़लातूँ[8] अब है इस ख़ुमख़ाने[9] में

पत्थरों में ठोकरें खाता है नाहक़ सैले आब[10]
पूछो क्या ले जायेगा जाकर मेरे ग़मख़ाने में

बर्क़े ख़िरमन सोज़[11] दानाई है नाफ़हमी[12] तेरी
वर्ना क्या-क्या लहलहाते खेत हैं हर दाने में

किस नज़ाकत से है देखो इत्तिहादे हुस्न ओ इश्क़[13]
ज़ुल्फ़ वाँ शाने ने खींची दर्द है याँ शाने में

एक पत्थर पूजने को शेख़जी काबे गये
'ज़ौक़' हर बुत क़ाबिले बोसा है इस बुतख़ाने में

---

1. पुरानी ईंट 2. जंगल 3. मन्दिर 4. नशेबाज़ 5. बहुत अधिक नशा 6. गिलास, 7. बैठे हुए 8. एक दार्शनिक अफ़लातून की भाँति 9. मदिरापान का स्थान 10. पानी की लहर 11. खलिहान को जलाने वाली 12. नासमझी 13. प्रेमी और प्रेमिका का एक होना।

मौत ही से कुछ इलाजे दर्दे फ़ुर्क़त[1] हो, तो हो
गुस्ले मैयत[2] ही हमारा गुस्ले सेहत[3] हो, तो हो

बाद मुर्दन[4] ही तेरे ज़ख़्मी को राहत हो, तो हो
जीते जी राहत कहाँ दर्दे जराहत[5] हो, तो हो

हो तो हो आबाद क्योंकर ये ख़राब आबादे दिल
इश्क़ ग़ारतगर[6] अगर दुनिया से ग़ारत हो, तो हो

गिर पड़े है आग में पर्वाना-सा कि जईफ़[7]
आदमी से क्या न हो लेकिन मुहब्ब्त हो, तो हो

इन्तिज़ारे यार में जो चश्म हो जाये सफ़ेद
मर्दुमक[8] उसमें कहाँ हो, दाग़े हसरत हो, तो हो

दस्ते बढ़िशश से है बाला[9] आदमी का मर्तबा
पस्त हिम्मत[10] ये न होवे पस्त क़ामत[11] हो, तो हो

तल्ख़कामी[12] में ही गुज़री ज़िन्दगानी उम्र-भर
जाने शीरीं[13] के दिये से कुछ हलावत[14] हो, तो हो

---

1. विरह के कष्ट का इलाज 2. लाश का स्नान 3. स्वस्थ होने के बाद का स्नान 4. मृत्यु
5. ज़ख़्म 6. नष्ट वाला 7. बूढ़ा कीड़ा 8. आँख 9. ऊँचा 10. डरपोक 11. छोटे क़द वाला
12. कड़वाहट 13. प्रिय 14. मिठास।

यार हँसते हाल पर, हम दिल फ़िग़ारों[1] के लगे
काश कि ऐसे ही यारब, दिल को यारों के लगे

और भी चमका समन्दे वहशत[2] अपना दश्त में
तेज़ जूँ महमेज़[3] नश्तर[4] जबकि ख़ारों के लगे

बज़्म में गर वो उलट दे रू-ए-रौशन[5] से नक़ाब
छूटने महताब[6] मुँह पर माहपारों[7] के लगे

इस तरह दरपै[8] दिलों के हैं तेरी चश्मो निगाह
जों शिकार अफ़्ग़ान[9] फिरें पीछे शिकारों के लगे

हो अगर ग़र्मे-फ़ुग़ाँ मुर्गे चमन[11] मेरी तरह
आग दम में आशियानों[12] को हज़ारों के लगे

---

1. घायल दिल वाले 2. पागलपन का घोड़ा 3. एड़ 4. चीरा 5. चमकता हुआ चेहरा 6. एक प्रकार का पटाख़ा 7. सुन्दरियों 8. पीछे पड़ना 9. शिकारी, 10. चीख़ने-चिल्लाने में व्यस्त 11. बाग़ का पक्षी 12. घोंसले।

नाम यूँ पस्ती में बालातर[1] हमारा हो गया
जिस तरह पानी कुएँ की तह में तारा हो गया

मेरे गिरिया से जो पानी संगे ख़ारा हो गया
कोह[2] के चशमों का हर आँसू शरारा[3] हो गया

ज़िक्रे दुनिया नफ़्से-मुर्दा[4] को हुआ आबे हयात[5]
मर के ये सीमाब[6] फिर ज़िन्दा दुबारा हो गया

दाँत यूँ चमके हँसी में रात उस महपारा[7] के
मैंने जाना माहे-ताबाँ[8] पारा-पारा हो गया

हर हुबाबे बहर की खुल जायेगी तारा-सी आँख
अक्से अफ़्ग़न[9] गर रुख़े-रौशन तुम्हारा हो गया

एक दम भी हमको जीना हिज्र में था नागवार
पर उमीदे वस्ल में बरसों गवारा हो गया

'ज़ौक़' इस बहरे जहाँ में कश्ते-ए-उम्रे-रवाँ[10]
जिस जगह पर जा लगी, वो ही किनारा हो गया

---

1. नीचे में ऊँचा 2. पहाड़ 3. चिनगारी 4. बेजान साँस 5. अमृत 6. पारा 7. सुन्दरी 8. ताँबे का चाँद 9. छाया गिराने वाला 10. बीतती हुई आयु की नाव।

जेफ़ा[1] समझ के रखता जो[2] दुनिया से नंग[3] हूँ
पारस[4] भी हो, तो जानता मुर्दार[5] संग हूँ

मैं वो शगुफ़्ता दिल हूँ न दोज़ख़[6] में तंग हूँ
आहन की तरह आग में भी लाला रंग[7] हूँ

जो है सो पहले मेरे उठाने के फ़िक्र में
महफ़िल में उनकी मैं कोई चौसर[8] का रंग[9] हूँ

मंज़ूर मुझको ज़ब्त[10] मेरे दिल को इज्ज़तराब[11]
दिल मेरा मुझसे तंग है, मैं दिल से तंग हूँ

परवाना गर नहीं, तो नहीं, पर हूँ शोला दोस्त[12]
मक्खी भी हूँ, तो ख़ाले दहाने तुफ़ुग हूँ[13]

---

1. बदबूदार जानवर 2. जो व्यक्ति रखे 3. घृणा 4. एक पत्थर 5. मृतक 6. नरक 7. लाला के फूल की भाँति 8. एक खेल 9. गोट 10. सन्तुष्ट 11. बेचैनी 12. लपटों का साथी 13. बन्दूक का अगला भाग।

रिन्दे[1] ख़राब हाल को ज़ाहिद न छेड़ तू
तुझको परायी क्या पड़ी अपनी निबेड़[2] तू

नाख़ुन न दे ख़ुदा तुझे ऐ पंजा ए जुनूँ
देगा तमाम अक़्ल के बखिये उधेड़ तू

उल्फ़त का गर है नख़्ूल तो सरसब्ज़ होवेगा
सौ बार जड़ से फेंक दे उसको उखेड़ तू

उम्रे रवाँ[3] का तौसने[4] चालाक इसलिए
तुझको दिया कि जल्द करे याँ से एड़ तू

ऐ ज़ाहिदे दो रंग[5] न पीर आपको बना
मानिन्दे सुब्हे-काज़िब[6] अभी है अधेड़ तू

छूटता है कौन मर के गिरिफ़्तार दामे ज़ुल्फ़
तुर्बत[7] पे उसकी जाल का पायेगा पेड़ तू

ये तंगनाए दहर[8] नहीं मंज़िले फ़राग़[9]
ग़ाफ़िल न पाँव हिर्स[10] के फैला, सुकेड़ तू

---

1. शराबी 2. हालत को सुधरना 3. बढ़ती आयु 4. घोड़ा 5. दोहरी चाल चलने वाला 6. छूटी 7. क़ब्र 8. थोड़े समय रहने वाला 9. छूटी पाना, 10. लालच।

क्या क्या मुसीबतें हैं दिले पुर महन[1] के साथ
इक ज़ख़्म ताज़ा रोज़ है ज़ख़्मे कुहन[2] के साथ

होशो ख़िरद[3] गए निगहे-सहरे-फ़न[4] के साथ
अब जो है अपनी बात सो दीवानापन के साथ

है उनका सादापन भी तो इक बाँकपन[5] के साथ
सीधी-सी बात भी है, तो क्या क्या फबन[6] के साथ

याद आ गया जो तेरा क़दे राना[7] जो बाग़ में
क्या-क्या लिपट के रोये हैं सर्वो[8] चमन के साथ

अफ़्सुर्दा[9] दिल के वास्ते क्या चाँदनी का लुत्फ़
लिपटा पड़ा है मुर्दा-सा गोया कफ़न के साथ

इन नातुवानियों[10] में भी यहाँ तक है शौक़े दिल
गोया चमन में उड़ के नसीमे चमन[11] के साथ

देखान गुल से नक्हते-गुल[12] कर गयी सफ़र
ख़ानाबदोश को नहीं उल्फ़त वतन के साथ

---

1. दुःख से भरा दिल 2. पुराना घाव 3. बुद्धि और होश 4. जादू भरी आँख 5. टेढ़ापन
6. शान 7. सुन्दर क़द 8. बहुत ऊँचे वृक्ष के समान 9. मुझ्झाया हुआ 10. कमज़ोरियों
11. बाग़ की हवा 12. फूल की सुगन्ध।

लायी हयात[1] आये, क़ज़ा[2] ले चली, चले
अपनी खुशी न आये, न अपनी खुशी चले

बेहतर तो है यही कि न दुनिया से दिल लगे
पर क्या करें, जो काम न बे दिल लगी[3] चले

हम से भी इस बिसात[4] पे कम होंगे बदक़िमार[5]
जो चाल हम चले, सो निहायत बुरी चले

हो उम्रे ख़िज़्र[6] भी, तो हो मालूम वक़्ते मर्ग[7]
हम क्या रहे यहाँ, अभी आये, अभी चले

दुनिया ने किसका राहे फ़ना[8] में दिया है साथ
तुम भी चले चलो, यूँ ही जब तक चली चले[9]

नाज़ाँ[10] न हो ख़िरद[11] पे, जो होना है, वही
दानिश[12] तेरी, न कुछ मेरी दानिशवरी[13] चले

जाते हवा ए शौक़[14] में हैं इस चमन से 'ज़ौक़'
अपनी बला से बादे सबा[15] अब कभी चले

---

1. ज़िन्दगी 2. मौत 3. दिलचस्पी लेना 4. संसार 5. जुआरी 6. एक पैग़म्बर 7. मरते समय
8. मरण पथ 9. हो सके 10. घमण्ड 11. बुद्धि 12. सूझ-बूझ 13. बुद्धिमानी 14. इच्छा
15. प्रातःकाल की वायु।

लिया ईमान ओ दीं[1] तूने अगरचे[2] इक ज़माने से
नहीं इस पर भी ऐ काफ़िर तेरा ईमां ठिकाने से

सितमगर[3] तूने रोका सबको मेरे पास आने से
वे अजल[4] भी अब यहाँ आवे, तो शायद कुछ बहाने से

ढलेंगे शम्अ के साँचे में, गुज़रे सर पे जो गुज़रे
बहेंगे आँसुओं में उनके आगे इस बहाने से

पड़े तस्बीह[5] ज़ाहिद पर निगाहे मस्त कर तेरी
तो टपके बाद[6] ए अंगूर उसके दाने-दाने से

तुम्हारी जुल्फ़ के कूचों में फिरता है वो दीवाना
पता लेना हो गर दिल का, तो लेना अपने शाने[7] से

कहाँ जाऊँगा उड़कर तायर-ए-बेबाल-ओ-पर[8] मैं हूँ
क़फ़्रस[9] सैयाद[10] का बेहतर है मुझको आशियाने से

न कि जो ख़्वान[11] दूँ हिम्मत[12] पे हाथ ऐ 'ज़ौक़' आलूदा[13]
कि ये ख़ाना मेरे आगे है बदतर ज़हर ख़ाने से

---

1. धर्म और विश्वास 2. यद्यपि 3. सितम ढाने वाला 4. मृत्यु 5. माला 6. शराब 7. कन्धा
8. बिना बाल और पंख वाला पक्षी 9. पिंजरा 10. शिकारी 11. ख़ाना 12. कम हिम्मत
वाला 13. लगाना।

लेते ही दिल जो आशिक़े-दिल-सोज़[1] का चले
तुम आग लेने आये थे, क्या आये, क्या चले

तुम चश्मे सुरमगी[2] की जो अपने दिखा चले
बैठे बिठाये ख़ाक में हमको मिला चले

दीवाना आ के और भी हमको बना चले
इक दम तो ठहरो और भी क्या आये, क्या चले

ग़ैरों के साथ छोड़ के, तुम नक़्शे पा[3] चले
क्या ख़ूब[4] फूल गौर[5] पे मेरी चढ़ा चले

दिखला के मुझको नर्गिसे[6] बीमार क्या चले
आवारा मिस्ल आहू[7] ए सहरा[8] बना चले

ऐ ग़म मुझे तमाम शबे हिज्र[9] में न खा
रहने दे कुछ कि सुबह का भी नाश्ता चले

क़ातिल जो तेरे दिल में रुकावट न हो तो क्यों
रुक-रुक के मेरे हलक़[10] पे ख़ंजर तेरा चले

---

1. दिलजला प्रेमी 2. सुरमा लगी आँख 3. पदचिह्न 4. वाह 5. क़ब्र 6. एक फूल का नाम 7. हिरन 8. जंगल 9. विरह की रात 10. गरदन।

साथ अपने ले के तीसने उम्रे रवाँ[1] को आह
हम इस सराये दहर[2] में क्या आये, क्या चले

लबरेज़[3] हो गया मेरा शायद कि जामे उम्र[4]
तुम वक़्ते निज़ा[5] मुझसे जो होकर ख़फ़ा चले

फ़िक्रे क़नाअत[6] उनको मयस्सर[7] हुई कहाँ
दुनिया से दिल में ले के जो हिर्सो हवा[8] चले

क्या देखता है हाथ मेरा छोड़ दे तबीब
या जान ही बदन में नहीं नब्ज़ क्या चले

ऐ 'ज़ौक़' है ग़ज़ब गिहे यार अलहफ़ीज़[9]
वो क्या बचे कि जिस पे ये तीरे क़ज़ा[10] चले

---

1. व्यतीत होता आयुरूपी घोड़ा 2. संसाररूपी सराय 3. ऊपर तक भरा हुआ 4. आयुरूपी प्याला 5. मरते समय 6. सन्तोष 7. उपलब्ध 8. लालच 9. चिकित्सक 10. मृत्युरूपी तीर।

वक्ते पीरी[1] शबाब की बातें
ऐसी हैं, जैसे ख़्वाब की बातें

फिर मुझे ले चला उधर, देखो
दिले ख़ानाख़राब[2] की बातें

वाइज़ा[3] छोड़ ज़िक्रे नेमते ख़ुल्द[4]
कर शराब ओ शबाब की बातें

हर्फ़[5] आया जो आबरू[6] पे मेरी
हैं ये चश्मे पुरआब[7] की बातें

महजबीं[8] याद हैं कि भूल गये
वो शबे माहताब[9] की बातें

किस्सा ए ज़ुल्फ़े-याद दिल के
है अजब पेच-ओ-ताब[10] की

ज़िक्र क्या जोशे इश्क़ में ऐ 'ज़ौक़'
हमसे हों सब्र-ओ-ताब[11] की बातें

---

1. वृद्धावस्था के समय 2. घर को बरबाद करने वाला 3. उपदेशक 4. स्वर्गिक सुख
5. दोष 6. प्रतिष्ठा 7. आँसू-भरी आँख 8. सुन्दरी 9. चाँदनी रात 10. लड़ाई-झगड़ा
11. धैर्य और सन्तोष।

वो अपनी बुर्रिशे तेग़े नज़र[1] को देखते हैं
हम उनको देखते हैं और जिगर को देखते हैं

न ख़ैरो-शार[2] को ऐब-ओ-हुनर[3] को देखते हैं
जिधर को आप न हों हम उधर को देखते हैं

मैं चुपका देख रहा हूँ जिगर के दाग़ों को
तो चारागर[4] उन्हें, वो चारागर को देखते हैं

है उनकी चश्म की गर्दिश पे गर्दिशे आलम[5]
जिधर हो उनकी नज़र सब उधर को देखते हैं

हमारी वस्ल की शब है कि या शबे महशर[6]
कि उठ के सुबहे क़यामत[7] सहर[8] को देखते हैं

हम उनके कोठे पर चढ़कर हैं ढूँढ़ते महे ईद[9]
किधर को चाँद है और हम किधर को देखते हैं

ख़ुदा का बन्दा[10] हो ज़ाहिद[11] ख़ुदा को देख ज़रा
कि ज़र[12] के बदले ज़माना में ज़र को देखते हैं

---

1. तलवाररूपी तेज़ दृष्टि 2. भलाई-बुराई 3. गुण-अवगुण 4. चिकित्सक 5. संसार-चक्र
6. प्रलय की रात 7. प्रलय की सुबह 8. सुबह 9. ईद का चाँद 10. सेवक 11. धर्मात्मा
12. धन-दौलत।

उधर शफ़क़[1] में है शाम और इधर हमें देखो
अभी से दम-बदम[2] उठकर सहर को देखते हैं

न पूछा शग़ल[3] असीरी[4] में हम ग़रीबों का
कभी कफ़स को, कभी बालों पर को देखते हैं

वो दिन तो ईद का होता है दिन हमारे लिए
तुम्हारा उठ के जो मुँह हम सहर को देखते हैं

फ़ना की राह में पत्थर जो बन के बैठे हैं
उन्हीं को देख के हँसते शरर[5] को देखते हैं

वो ख़ाक उड़ायेंगे बाज़ारे इश्क़[6] में आकर
कि पहले आन के सूदो ज़रर[7] को देखते हैं

अर्क़ के क़तरे नहीं देखते हैं उस रुख़ पर
सितारे धूप में हम दोपहर को देखते हैं

जहाँ के आईनों से दिल का आईना है जुदा[8]
उस आईना में हम आईनागर को देखते हैं

---

1. उषा की लालिमा 2. रह-रहकर 3. व्यस्तता 4. बन्दी 5. चिनगारी 6. प्रेम का बाज़ार
7. लाभ-हानि 8. अलग।

शौक़े मस्ती में है गुलगश्ते[1] चमन का हमको
चाहिए जाए[2] असा[3] गरदने मीना[4] हमको

होवेगा कश्ति ए तूफ़ाँ-ज़दा[5] ताबूत[6] अपना
आ गया अपने अगर मरने पे रोना हमको

बस्तगी[7] दिल को है क्यों उस गिरहे[8] ज़ुल्फ़ के साथ
क्या सबब कुछ नहीं खुलता ये मुअम्मा[9] हमको

हम वो मजनूँ हैं कि गर्दे रमे-आहू[10] की तरह
भागे है दूर ही से देख के सहरा हमको

और हमदर्द कहाँ हो न हो ऐ हज़रते दिल
दर्द अब तुम को हमारा हो, तुम्हारा हमको

फेंककर शीशा ए दिल[11] हाथ से कहता है वो मस्त
क्या बनाना था हथेली का फफोला हमको

एक दम तंग[12] वो आये थे बगल में इस पर
ग़मे दूरी से किया तंग है क्या-क्या हमको

---

1. बाग़ में घूमना 2. जगह 3. लाठी 4. बोतल की गरदन 5. तूफ़ान की मारी नाव 6. शव ले जाने वाला बक्सा 7. सम्बन्ध 8. गाँठ 9. पहेली 10. दौड़ता-भागता हिरन 11. हृदयरूपी दर्पण 12. निकट, पास में।

दम में अब दम न रहा, अपने जो ठहरे कोई दम
हाँ, मगर हो तेरे आने का भरोसा हमको

हम गये जिसकी तरफ़ जूँ गुले बाज़ी[1] उसने
पास आने न दिया दूर ही फेंका हमको

हर क़दम पाँवों में सर रखते हैं ख़ारे-सरे-दश्त[2]
ऐ जुनूँ तूने है काँटों में घसीटा हमको

लग गयी आँख जो सोवे[3] में, तेरी ज़ुल्फ़ों के
शबे स्याही[4] ने कई बार दबाया हमको

हर्फ़े तल्ख़[5] उस लबे शीरीं[6] से हर इक बात पे आह
नासेहा[7] सुनते हैं हम कुछ तो है मीठा हमको

जितने आशिक़ हैं बहम[8] एक का है एक अज़ीज़
शमा से चाहिए है ख़ून का दावा हमको

दिल में थे क़तरा ए ख़ूँ[9] चन्द सो मानिन्द अनार
न रहे वो भी जब उल्फ़त ने निचोड़ा हमको

---

1. खेल करना 2. जंगल के काँटे 3. सोते-सोते 4. रात का अँधेरा 5. कड़वी शब्द 6. मीठे होठ 7. उपदेशक 8. आपस में 9. रक्त की बूँद।

सबको दुनिया की हवस[1] ख़्वार[2] लिये फिरती है
कौन फिरता है, ये मुर्दार[3] लिये फिरती है

फिरता सरगश्ता[4] ज़माने में भला क्यों ख़ुरशीद
हवस ए गर्मिए बाज़ार[5] लिये फिरती है

वो मेरे अख़्तरे-तालेै[6] की है वाजूँ[7] गर्दिश[8]
कि फ़लक को भी नगूंसार[9] लिये फिरती है

कर दिया क्या तेरे अबरू[10] ने इशारा क़ातिल
कि क़ज़ा[11] हाथ में तलवार लिये फिरती है

जा के इस बार न फिरता था जहाँ वाँ मुझको
बेक़रारी[12] है कि सौ बार लिये फिरती है

---

1. लालच 2. तिरस्कृत 3. दुष्ट 4. पागल की भाँति 5. दुनिया में घूमने का लालच 6. भाग्य का सितारा 7. उलटा 8. घूमना 9. औंधा मुँह 10. भौं 11. मौत 12. बेचैनी।

साक़िया ईद है ला बादा[1] से मीना[2] भर के
कि मै आशाम[3] प्यासे हैं महीना-भर के

आश्नाओं[4] से अगर ऐसे ही बेज़ार[5] हो तुम
तो डुबो दो उन्हें दरिया में सफ़ीना[6] भर के

ख़ूब इस गुलशने-रुख़सार[7] से ले जाते हैं गुल
अपने दामाने नज़र[8] मर्दुमे बीना[9] भर के गुल

दिल है आईना सफ़ा चाहिए रखना इसका
ज़ंग से देख न भर इसमें तू कीना[10] भर के

ख़ुमे पुरजोश[11] की मानिन्द[12] झलकता है मदाम
ख़ूने हसरत हसरत[13] से लबों तक मेरा सीना भर के

---

1. शराब 2. बोतल 3. शराब पीने वाले 4. मित्रों 5. लापरवाह 6. नाव 7. गालरूपी बाग़
8. दृष्टि का आँचल 9. बुद्धिमान् लोग 10. ईर्ष्या 11. छलकती मटकी 12. तरह 13. उत्साह
से भरी अभिलाषा।

हमदम[1] वबाले दोश[2] न कर पैरहन[3] मुझे
काँटा-सा है खटकता मेरा तन-बदन मुझे

हूँ शम्आ या कि शोला, ख़बर कुछ नहीं मगर
फ़ानूस[4] हो रहा है मेरा पैरहन मुझे

इक सर ज़मीने लाला[5] बहार-ओ ख़िज़ाँ[6] में हूँ
यकसाँ[7] है दाग़े ताज़ा व दाग़े कुहन[8] मुझे

ये दिल वो है कि कर दे ज़मीं आसमाँ को ख़ाक
इक दम को बक़्क दे जो पहना पैरहन मुझे

कूचे में तेरे कौन था, लेता भला ख़बर
शब चाँदनी ने आ के पिनहाया कफ़न मुझे

दिखलाता इक अदा में है सौ-सौ तरह बनाव
इस सादापन के साथ तेरा बाँकपन मुझे

आया हूँ नूर ले के मैं बज़्मे सुख़न में 'ज़ौक़'
आँखों पे सब बिठायेंगे अहले सुख़न[9] मुझे

---

1. साथी 2. कन्धे का बोझ 3. कपड़ा 4. शीशे की हाँडी, जिसमें दीपक रखा जाता है 5. फूल पैदा करने वाली धरती 6. वसन्त और पतझड़ 7. समान 8. पुराना घाव 9. शाइर लोग।

हम हैं और साया तेरे कूचे की दीवारों का
काम जन्नत में है क्या हमसे गुनहगारों का

इतना तो शोरे फ़ुग़ाँ[1] हो कि चमन में बुलबुल
ख़िर्मने गुल[2] की जगह ढेर हो अंगारों का

चर्ख़[3] पर बैठ रहा जान बचाकर ईसा
हो सका जब न मदावा[4] तेरे बीमारों का

क्यों न हर तार में सौ दिल हों गिरिफ़्तार कि ज़ुल्फ़
जेलख़ाना है मुहब्बत के गिरिफ़्तारों का

बे सियाही न चला काम क़लम का ऐ 'ज़ौक़'
रूसियाही[5] सर-ओ-सामाँ[6] है सियहकारों[7] का

---

1. रोना-चिल्लाना 2. फूलों का खलिहान 3. आसमान 4. दवा 5. काला मुँह 6. शक्ति और हथियार 7. दुराचारियों।

हाथ उठाओ[1] इश्क़ के बीमार से
कोई बचता भी है इस आज़ार[2] से

उन्स[3] है क्या दिल को तीरे यार से
है मुशाबह[4] ज़ख़्म भी सूफ़ार[5] से

यूँ निगह निकले है चश्मे यार से
मस्त जैसे ख़ाना-ए-ख़ुमार[6] से

उठ चुका वो नातवाँ[7] जो रह गया
दब के तेरे साया-ए-दीवार[8] से

अब वो आये जब निगह के ज़ोफ़[9] से
कम नहीं मिज़गाँ की सफ़[10] दीवार से

तेरे ही पाँवों पे ऐ क़ातिल गिरा
सर मेरा उड़कर तेरी तलवार से

दिल को हरदम आलमे-मानी[11] से 'ज़ौक़'
है ख़बर आती नफ़्स[12] के तार से

---

1. आशा छोड़ दो 2. रोग 3. प्रेम 4. मिलता-जुलता 5. तीर का पिछला छेद 6. शराबी का घर 7. कमज़ोर 8. दीवार की छाया 9. शौक़ 10. पलकों की पंक्ति 11. आध्यात्मिक संसार 12. साँस।

हाथ सीने पे मेरे रख के किधर देखते हो
इक नज़र दिल से इधर देख लो, गर देखते हो

है दमे बाज़ पुसीं[1] देख लो, गर देखते हो
आईना मुँह पे मेरे रख के किधर देखते हो

नातवानी[2] का मेरी मुझसे न पूछो अहवाल[3]
हो मुझे देखते या अपनी कमर देखते हो

परे परवाना[4] पड़े हैं शजर[5] शमा के गिर्द
बर्ग रेज़ी[6] मुहब्बत का समर[7] देखते हो

शौक़े-दीदार[8] मेरी नाश पे आकर बोला
किसकी हो देखते राह और किधर देखते हो

लज़्ज़ते नावक[9] ग़म 'ज़ौक़' से हो पूछते क्या
लब पड़े चाटते हैं ज़ख़्मे जिगर देखते हो

---

1. अन्तिम साँसों के समय 2. कमज़ोरी 3. दशा 4. पतंगे के पंख 5. वृक्ष 6. पत्तों का
गिरना 7. फल 8. मिलने की इच्छा 9. तीर का मज़ा।

है जी में अपने ग़र्रा-ए-जौहर[1] को तोड़ दूँ
आईना ए ख़याले-मुक्क़दर[2] को तोड़ दूँ

दुनिया से मैं अगर दिले मुज़्तर[3] को तोड़ दूँ
सारे तिलिस्म[4] वहम मुक्क़दर को तोड़ दूँ

मैं काट दूँ पहाड़ को, पत्थर को तोड़ दूँ
पर क्योंकर ग़ैर से बुते काफ़िर[5] को तोड़ दूँ

क्या दुश्मनी है अह्ले करम[6] से कहे है चख़र्
या तक झुकाऊँ शाख़े समरवर[7] को तोड़ दूँ

साक़ी लड़ाइयों से तेरी चाहता है जी
बाहम[8] लड़ा के शीशा ओ सागर को तोड़ दूँ

एहसान नाख़ुदा[9] का उठाये मेरी बला
कश्ती ख़ुदा पे छोड़ दूँ, लंगर को तोड़ दूँ

नाज़ुक ख़यालियाँ[10] मेरी तोड़े अदू[11] का दिल
मैं वो बला हूँ, शीशे से पत्थर को तोड़ दूँ

---

1. अभिमान की आदत 2. सुनहरा भविष्य 3. बेचैन दिल 4. जादू 5. निष्ठुर प्रेमिका
6. सज्जन व्यक्ति 7. फलयुक्त 8. आपस में 9. मल्लाह 10. कोमल कल्पनाएँ 11. शत्रु।

www.ingramcontent.com/pod-product-compliance
Lightning Source LLC
Chambersburg PA
CBHW051442140726
47987CB00006B/2494